ビジネスメソッドとしての「弱さ」の戦略

思い込みの壁を乗り越え、
「できる内向型」になる28のメソッド

宮松大輔
あがり症克服協会 理事

ソシム

すべての「弱さ」は幻想である。

「また話を聞いていない」

「人前に出るのが苦手」

「雑談もろくにできない」

よくあるレッテル貼り。

昨日も今日も、そしてはるか昔から、
何度使われたかわからない
「弱さ」を指摘する言葉たち。

でも、それって、本当？

たとえば、こう聞くとどうでしょう。

「（集中力がありすぎて）また話を聞いていない」

「人前に出るのが苦手（だけど、作業量と質がすごい）」

「雑談もろくにできない（けど、一部の人と仲が良すぎる）」

つまり「弱さ」とは、ただの「特徴」なのです。

「大きな成果を上げる人」

「仕事ができる人」には

ある共通点があります。

それは、
「自分の弱さ」を特徴ととらえ、
一方、それを「強み」として活かせること。

足りない部分を嘆くのではなく、
それを正しく認識して、使っている。
つまり、「弱さ」と思われたものすら、
武器としているのです。

感情は一旦、捨てて、
自分の内面に向き合う。

そして、
「弱さ」と向き合う。

誰にでも、「弱さ」があります。
でも、
弱さを、弱さのままにするかどうかは、
その人次第ではないでしょうか?

本書では、そのための方法論を、

「**弱さの戦略**」としてまとめています。


「人から言われたから」

「こうならないといけない」

と、振る舞う必要は一切ありません。

人と話すときも
自分の内側で思考するときも、
どんなときでも、
自分の特徴を強さにする。
そんな人になりたい、と願う人のための本です。

はじめに

この本は、**「自分の特徴」を「武器」にして、仕事や人生を充実させるための本**です。


「話をするのが苦手」

「職場では集中できない」

「何もやる気が出ない」


まじめにやっているけど、ほかの人のようにできないことに劣等感をいつも持っている。もっとできるようになりたいけど、理想と現実にギャップがある。努力しても思ったような結果がでない。

こうしたジレンマを抱えている人は多いのではないでしょうか。

かつての私も同じ悩みを抱えていました。

私は根っからの内向型人間です。

「内向型」という性格は、一般的に「発言する場に弱い」「すぐ緊張する」「交渉が苦手」といった、とにかく「弱さ」のオンパレードという性格や人をさす言葉として使われがちです。

一見、人生を生きるのがものすごく大変そうに思うでしょう。

でも、私はこの**「内向型の弱さに隠れた強み」を見出し、仕事、人生に生かすことで、自分を変えた**のです。

「弱さ」の隠れた価値とは？

申し遅れましたが、私は宮松大輔《みやまつだいすけ》と申します。

現在は、累計受講者数7万人を超える「あがり症克服協会」という協会で理事、NHKカルチャーで講師を務める傍ら、全国で講演やセミナーを行っています。これまでに累計1万2000人以上の人にお話しをさせてもらいました。

そう聞くと、

「もともと能力のある人だった」

「自分とは違う世界の人だ」

と感じるかもしれません。でも、そんなことはありません。私はいたって普通の人間です。

それどころか、先ほどお伝えした通り、私は根っからの内向型です。しかも、極度のあがり症でした。おそらく、**皆さんが想像している以上に、生きづらい人生を歩んできた人間**です。

高校時代、授業中に音読ができず、不登校になった経験すらあります。

「弱さ」を武器にする思考法

ある日の授業で本読みを当てられたとき、緊張で心臓の鼓動がドクンドクンと異常に大きく速くなり、体中が震えてきたのです。それからは、人前では何をするにも心臓が口から飛び出そうなほどあがってしまい、反射的に、体が震える――。

そんな自分を変えたい、と大学受験を頑張り、なんとか希望の大学へ進学したものの、何も変わらず、結局、大学を中退。翌年別の大学に入りましたが、やはり何も変わらず、引きこもるようになりました。

私はこのころを、「白い思い出」と呼んでいます。自分の部屋の壁の「白」です。一日中部屋の中で、ボーッと白い壁を見ていました。

でも、このままではいけないとある日思い立ち、必死の思いで3年遅れで大学を卒業、なんとか就職しました。社会人になってからも、あがり症で苦しみ、自律神経失調症やうつ病などを患い、つまずきながら歩いていました。

そんな私が変われたのは、**「弱さ」を武器にする思考法を身に付けた**からです。

きっかけは、「あがり症克服協会」との出会いでした。文字通り、あがり症を克服するための協会で、定期的に講座を開催しています。そこで学んだことをベースに、自分なりに試行錯誤して、自分らしく働く方法を見つけたのです。

そのために必要だったのは一つだけ。

「自分の弱さを、自分の武器にすること」です。

「弱さ」と書きましたが、本当は弱さではありません。それは、内向型の私にとってのかけがえのない特徴なのです。

「弱さ」は、社会や環境が押し付ける「レッテル貼り」、「思い込み」にすぎません。

みなさんがもし、自分の内向型の部分を「直さなければならない欠点」と感じているなら、今すぐそんなことはやめてもらって大丈夫です。

実は内向型は「すぐれた人」の宝庫

内向型というと、社会的弱者というイメージがいまだに根強くあると思います。

内向型でない人だけでなく、内向型の人ですらそう思っているのではないでしょうか。かつての私はそうでした。

でも、世界を見渡すと、**内向型にもかかわらず、活躍している人だらけ**です。

たとえば、こんな人がいます。

○「Microsoft創業者」のビル・ゲイツ
○「Facebook創業者」のマーク・ザッカーバーグ
○「世界有数の投資家」のウォーレン・バフェット
○「スペースXやテスラ創業、Twitter買収」のイーロン・マスク

もちろん、外国人だけではありません。日本では、お笑い芸人の中にもいますし、俳優、スポーツ選手、政治家、起業家、ユーチューバーまで、一見、内向型らしくない職業の人の中にも実はたくさん内向型の人がいるのです。

こうした人に共通しているのは、内向型である点を隠さず、むしろその点を強調し、社会の注目を集めながらも、内向型らしさを発揮することで、すぐれたアイデアや能力を体現していることです。

そう、**内向型には、世の中を驚かせ、リードするすぐれた能力がたくさん秘められているのです。**

そして、それはコツさえわかれば誰にでもできることなのです。実際に、いたって平凡だった私がそれを実現していることが、何よりの証拠でしょう。

自分の特徴を武器にするためにやったこと

この本は、内向型のみなさんに役立つビジネススキルに焦点を当て、新人からリーダーまでさまざまな立場の内向型の人が自分自身に当てはめて考えることができるよう、具体的に「明日からどのように活用できるか」が分かりやすいように構成しました。

内向型の私が実際に試して有効だったメソッドだけをまとめています。

経歴にハンデがありながら、内向型の私がここまでこられたのは、自分なりに工夫してきたからだと考えています。

たとえば、こんな変化をつけました。

○「意固地」を「集中力」に変える
○「優柔不断」を「慎重さ」に変える
○「考えすぎ」を「深い思考」に変える
○「過敏」を「観察力」に変える
○「無口」を「傾聴力」に変える
○「おせっかい」を「気配り力」に変える
○「無関心」を「冷静な判断力」に変える

「自分の弱さ」で損をしていると感じている人は、多くいると思います。私も長らく、「もしも外向型であったら、どんなにか人生が楽しかっただろう」と思っていました。

でも、「自分のどんな特徴」も侮れません。いい仕事もできるし、誰かの役に立てる。「ありがとう」と感謝されることもある。派手でキラキラした人生ではないかもしれないけど、穏やかで充実した日々を生きることはできます。

自分に満足するには、自分の特徴を知り、それをうまく活用していくことです。これが本書で解説する「弱さの戦略」です。

本書は、私が歩んできた内向型の特徴を「武器」にする方法を読んで頂くことで、皆さんが自分なりのやり方を見つけられるよう構成しています。

この本に書いたすべてのシチュエーションがみなさんに当てはまるとはかぎらないと思います。ぜひ自分に合うところや、やってみたいと思ったところから、スタートしてみてください。

それでは、本当の自分を探す旅に出かけましょう。

『ビジネスメソッドとしての「弱さ」の戦略』

序章 「弱さ」で戦う戦略とは？

第1章 「自分らしさ」を守る

第2章 控えめのコミュニケーション

第3章 静かな思考

第4章 前に出ないリーダーシップ

序章

「弱さ」で戦う戦略とは？

多くの人が「内向型」と聞くと、
控えめや消極的な性格を
イメージするかもしれません。
しかし、内向型には、
深く考える力や高い集中力、鋭い観察力など、
多くの優れた特徴があります。

この序章では、
「内向型」が「弱み」であるとの誤解を解き、
その真の特性と価値を紹介します。

外向型との違いを理解し、
内向型7つの特徴を探っていきましょう。

これらの特徴を知ることが、
自分自身の中に秘められている
可能性や才能を発見する手助けとなります。

自分の特性や能力を十分に理解し、
それを活かして生きていくことこそが、
自己実現＝自分らしく生きるカギとなるのです。

内向型だから気づけた「弱さの戦略」

内向型と外向型に上下関係はない

人間の性格にはさまざまな側面があります。その中で最近よく使われるのが「内向型」「外向型」という区分けです。

内向型と外向型は、スイスの心理学者ユングが提唱した分類です。ユングは次のように分類しました。

○内向型＝興味や関心が自分の内面に向かう傾向がある

○外向型＝興味や関心が外側に向かう傾向がある

こうした傾向から、外向型は「活発で、世の中をリードしていく」というイメージが世間的には定着し、**「内向型よりも外向型のほうが優れている」と考えられがち**です。

断言しますが、それは間違いです。

私は「内向型と外向型」は、「特性区分のためのただの区分け」で、どちらが優れているとか、価値ある個性か差はないと考えています。それは私自身が内向型の人間として、外向型に負けない成果を出し、信頼を集め、ときには外向型を上回る成果を上げてきた経験から間違いありません。

本書で考える内向型と外向型

本書で考える「内向型」と「外向型」の特徴について紹介します。

●内向型の特徴

①集中力が高い↓「物事に集中して、長時間静かにとり組むことができる」

②いい意味で慎重↓「リスクを慎重に評価し、安全な選択をする傾向がある」

③深い思考ができる↓「複雑な問題についてじっくりと考え、理解する力を持つ」

④観察力が鋭い↓「細かい変化に気づきやすく、よく見ている」

⑤傾聴が得意↓「人の話をしっかりと聞いて、共感を示すことができる」

⑥気配り上手↓「ほかの人の気持ちに気を配り、優しく対応することが得意」

⑦冷静な判断力↓「焦らずに、落ち着いて物事を考えて決めることができる」

●外向型の特徴

①社交性が高い↓「興味や関心を他人や外部に向けられる」

②率直に言う↓「思ったことをそのまま口にする」

③人懐っこい↓「広く多数の人に話しかけることに抵抗がない」

④アクティブに行動↓「刺激や興奮を感じる活動や状況を好む」

⑤大胆に動く↓「リスクを伴う挑戦にも果敢にとり組む」

⑥競争的に振る舞う↓「競争心が旺盛で成功や勝利を追求する」

完全に内向型という人も、完全に外向型という人も通常はいません。多くの人はどちらの特性も持っていますが、内向的な特性が強ければ「内向型」とされ、外向的な特性が強ければ「外向型」とされています。

おそらく「これは私にあてはまるけど、これはあてはまらない」というものが内向型、外向型それぞれの中にあったと思います。ここから言えることは、**ほとんどの人が少なからず内向型の特性を持ち合わせている**ということです。

そして、私のこれまでの経験からいうと、残念なことにそうした人の多くはこの「内向型の特徴」が原因で「さまざまな弱みを抱えている」と思い込んでいます。

「内向型より外向型が優れている」は完全な誤解

内向型はよく「コミュニケーションが苦手」といわれますが、実際にはそのことを「内向型・外向型」だけで説明するのは難しいです。

内向型でも、お互いに信頼しあえるいい人間関係を築ける人もいます。反対に、外

外向型でも孤立するし、内向型でも仲良くなれる

向型でも、積極的に他人とコミュニケーションはとるものの、本心は話せず孤独を感じている人もいます。

　コミュニケーションとは、遠慮や隠し事をせず、相手の気持ちや立場を理解し、共感しあうことです。そうならば、**「内向型はコミュニケーションが苦手」というステレオタイプはただの誤解**です。内向型にもそうしたコミュニケーションは可能です。

　ただ、外向型と内向型でその方法が違っていて、大半の内向型が外向型のように振る舞おうとした結果、失敗してしまい、自然と「内向型より外向型のほうが優れている」という風潮が出来上がっただけです。

　コミュニケーションに限らず、思考や判

断、集中力など、内向型が力をきちんと発揮できる場面はたくさんあります。

本書では、内向型が外向型に変わる方法ではなく、**内向的な部分をそのまま有効に使う方法**を解説します。

もし内向型が、「外向的にならないといけない」と感じているなら、それは大きな間違いです。内向型の魅力を理解し、磨いていけば、そのままで他を圧倒できるのです。

内向型は「外向型の能力」も使える万能型

内向型が内向型のまま成功するには、先ほどの「内向型の特徴を強みとして生かす」方法と、「内向型の特徴が弱みとなることを防ぎつつ、外向型の強みを手に入れる」ことも大切です。

「外向型に変わろう」ということではなく、内向型の性格はそのままに、スキルやテクニックを磨くことで、「外向型の武器も手に入れよう」ということです。

たとえば、内向型の特徴として「ひとりで過ごすと元気をとり戻せる」がありますが、「人脈や視野が狭くなる」というデメリットがあります。だからといって、「人と交流することで元気になる性格」に変えることは難しい。

かつて私はこのジレンマに突き当たったとき、スキルで広げることで、業務上、組織上のリーダーをこなせるようになれました。もちろん、今でも私は内向型なので、人といると疲れやすく、ひとりの時間でエネルギーをチャージしています。

やってみよう

内向型を弱みと思う前に、内向型らしさを活かす方法を考える

内向型の戦略①「意固地」を「集中力」に変える

集中力の圧倒的な効果

内向型は、自分の内面的な思考や感情に興味を持ちやすい特徴があります。

その傾向はときとして、周囲の雑音をシャットアウトし、周りの人に「意固地」だと誤解を与えることがあります。内向型を内向型たらしめる、まさに内向きの状態になるわけですが、これには内向型ならではの「高い集中力」が関係しています。

たとえば私は、本を読むのにものすごく時間がかかります。

いつの間にか頭の中でよく独自のストーリーを想像しています。次々に読み進めるよりも、一文ずつかみしめるように、自分の過去や現実に置き換えて、物思いにふけってしまうのです。だから、本を読み進めるのは基本的にとても遅く、借りた本も「まだ読み終わってないの!?」と言われることがよくあります。

物思いにふけっているときの自分は、とても解放されてリラックスしています。心や頭の中が自由でいっぱいで、元気が回復されていくようです。

本を読むときに私が発揮したのが「集中力」です。集中力とは、言うまでもありませんが、「特定の課題や物事に対して、深く没頭してとり組む能力」です。

読書中の私は、本に感化されて自分の世界に浸り、行間をものすごく集中して読んでいます。当然、読書の質はかなり高いです。

わき目も振らず、その世界に深く没頭できる。つまり、**内向型は、目的をしっかり持てば、その目的に向けて高い集中力でとり組める資質がある**のです。

ちなみに私は、速く読むことが目的であれば速く読み切ることができます。仕事上必要な本は、だいたい購入から24時間以内に読み終えます。

集中力に関するエピソードでもう一つ。

私は学生時代、コミュニケーションが苦手で、交友関係はとても狭く、あがり症だったので発表がある授業は避けていました。

しかし、ひとりで集中して勉強することは得意だったので、授業出席日数は少なくても、定期試験ではいい得点でした。余談ですが、1回も授業に出ないで、試験だけ受けて合格点に達し、単位をもらったこともあります。それは決して誇るべきことではありません。なにせ、発表から逃げていただけなのですから……。

もちろん、出席もしないで単位がとれる授業は少なく、進級で苦労しましたが、A評価が多く、希望すれば大学院に進学できる成績でした。

静かにできる市立図書館などでよく勉強をしていました。一方、カフェのようなざわつく場所は苦手だったので、ほとんど行きませんでした。

「集中力」が高まることで、内向型の能力は次のように一気に向上します。

①生産性の向上

業務（学習）効率のレベルが上がります。一つのことに集中できるので、注意がそれません。つまり、同じ時間でより早く仕事や勉強ができるのです。

②質の向上

内向型は何か作業をするとき、集中して細部まで間違いがないように確認しながら進める傾向があります。その結果、ミスが少なくクオリティの高い成果物や学習の進展が期待できます。

③理解力の向上

新しい情報や難しい内容を深く理解し、記憶に定着させやすくなります。内向型は、没頭しやすいので、自分なりに理解を深めることが得意です。

フロー状態になると、仕事の効率が爆上がりする

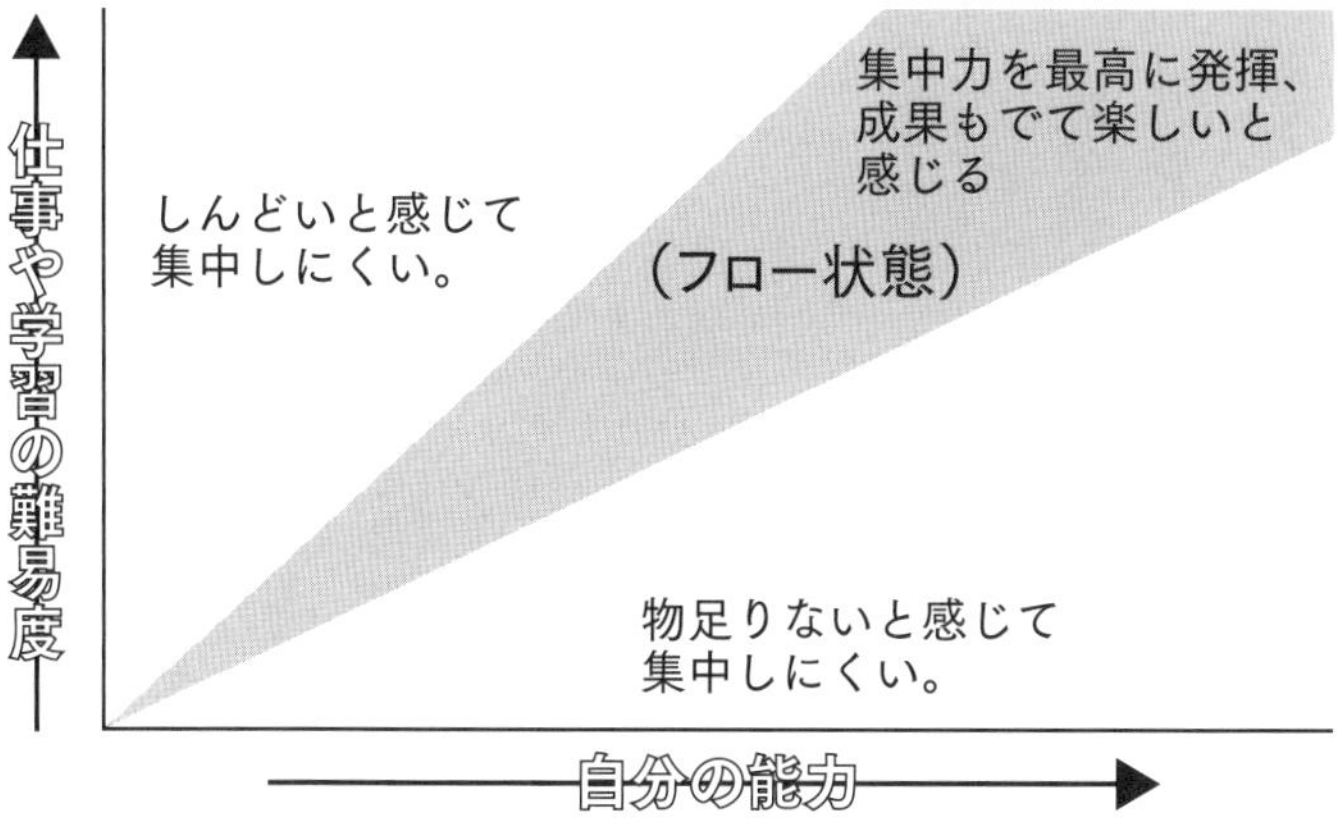

「フロー」で最高の集中を自分のものにする

最高に集中し、同時にリラックスできている状態を「フロー」といいます。

ハンガリー出身の心理学者ミハイ・チクセントミハイが提唱した概念です。時間が経つのも忘れて、ずっと楽しい気持ちが続く特徴があります。

こんな経験ありませんか？　作業をしていたらいつの間にか時間が経っていて、もう帰る時間なのに今日はまだ作業を続けたいと思ったこと。フローに入るとポジティブな感情になるのでメンタルもいい状態です。

内向型がフローに入るには、ある条件が必要です。それは、**静かで刺激の少ない環境に身を置くこと**です。

私はオープンオフィスが苦手なのでパーティションのある環境に移動したり、音がうるさい場所で作業せざるを得ない場合はノイズキャンセリングヘッドフォンを付けたりして、外部からの刺激を最小限に抑える工夫をして、没頭できる空間を作ってきました。

在宅であれば早朝や深夜など静かな時間帯に作業する、ＳＮＳの通知をオフにして集中力が途切れる原因を排除するなどの方法も効果的です。

やってみよう

集中力をさらに高め、わがままに「フロー」を追求する。

［内向型の戦略②］「優柔不断」を「慎重さ」に変える

慎重さがすべての問題を解決する

内向型はいつも何かを気にしてしまい、物事を決められないことがよくあります。それは、メリットやデメリット、他者への影響などを考えすぎてしまうためです。

こうした傾向は、ときに「優柔不断」だと他者に受け止められます。

私もメールを出すとき、いつも優柔不断になります。宛先も内容も、3回ぐらい指差し確認してから、送信します。でも、そのおかげで職場でも、「宮松さんってメールの間違いないよね！」とよく話題になります。

「優柔不断はよくない」と思うかもしれませんが、慎重さととらえるとどうでしょうか。私は、**「慎重さ」は人生を左右する**と考えています。

ＩＴ企業に勤めていたころに、こんなことがありました。

客先で仕事中、知らない人からとあるメールがきたのです。

「いやー、やってらんないよな。毎回のように期限ギリギリまできたところで、最後の最後で変更要求をしてくる。計画性がなさすぎるよな、〇〇さんは。プロジェクトのこと分かってないんだよw」

〇〇さんとは、客先の人の名前です。差出人は、アドレスから、パートナー社員であることが分かりました。しかもメールは、プロジェクトメンバー全員が宛先になっていたのです。もちろん、客先も含めて。

周囲はざわつきはじめ、ほどなくしてまたメールが飛んできました。

「先ほどは、不適切な内容のメールを誤って送信してしまい、深くお詫び申し上げます。送信されたメールは私の個人的な感情が反映されたものであり……」

その後、彼がどうなったのか分からないのですが、もし**慎重さがあれば**、**初歩的な**

間違いは犯さなかったはずです。

一方、過度の慎重も考えものです。私自身、慎重が行きすぎて、逆に人の怒りを買ったこともあります。

トラブルが発生して報告内容をまとめているとき、言葉を選ぶのに時間をかけすぎました。私から客先のリーダーの人に報告をする前に、ほかの人から客先のリーダーに先に報告が入ってしまったのです。

私が報告したときには、「遅いよ」とまずひと言。目も合わさずに頬を紅潮させているのを見て、背筋が凍る思いがしました。スピードが求められる場面では、慎重さの使い方を間違えるとデメリットになる場合もあります。

慎重さは自分を守る最強の防具

高いところからジャンプすることが好きなネコ。大胆なように見えて彼らはとても慎重です。

私は子供のころからネコが大好きでよく観察するのですが、ネコはジャンプする前には、必ずといっていいほど下をチェックすることに気づきました。ネコは内向型の動物といわれますが、この動きは、危険から身を守るための習性です。

それと同じ力が内向型の我々にも備わっているのです。


私たち人間も、その慎重さを持っています。特に内向型は、外から見ると無口で控えめに見えるかもしれませんが、その内に秘められた**慎重さは実は価値ある特徴**です。

慎重な人は、直感やその場の衝動だけで行動せず、じっくりと自分の気持ちや考えと向き合います。すると、場当たり的な失敗がなくなり、後悔する決断をすることもありません。


世の中は、多くのリスクに満ちています。

たとえば金融リスク、病気や怪我、事故などの健康リスクなど、数え上げたらキリ

内向型動物のネコは、「慎重」に着地先を確認する

がないでしょう。今、生活できているのは、慎重さのおかげといっても過言ではありません。いい換えれば、**慎重さは「生き抜くために必要な力」**なのです。

慎重さがあるから、人から信頼される

慎重さは、周囲にもいい影響があります。ミスを減らすことで、ほかの人が大変な思いをすることも減らします。

私自身、ITコンサルタントとしてシステムの基盤を担当していたとき、慎重さに救われた経験が何度もあります。

慎重さは自分を守る道具である一方で、自分が攻めるための武器にもなります。慎重でミスが少なく、確実に物事を推し進める力は、小さな成果だったとしても積み重なることで「この人なら大丈夫、任せられる」と大きな信頼へとつながるのです。
会社であれば昇進の大きな支えになりますし、取引や交渉事においても上手に使うことで有利に働くことは間違いありません。

やってみよう

感情的な判断をなくせば、周囲からの信頼を獲得できる。

「内向型の戦略③」「考えすぎ」を「深い思考」に変える

「深い思考」で一歩抜きん出る

「ネットの誹謗中傷についてどう思いますか？」

と聞かれたときに、「誹謗中傷は悪いことだ」とあっさり答えて終わりの人がいます。

一方、内向型の中には、

「なぜ誹謗中傷が発生するのか」

「誹謗中傷が個人や社会にどのような影響をもたらすのか」

「どうやったらネットの誹謗中傷を防ぐことができるのか」

といった原因や結果、未来まで考える人がいます。「考えすぎじゃない？」と言われることもありますが、そうしたことを普段から考えることは誰にでもできることではありません。

内向型は、こうした**「深く考えること」が得意**です。難しい問題にも、よく考え抜かれた意見を出せることが多いです。

私は、教室でプレゼン発表会というイベントを定期的に開いています。

そのとき、参加者に「参加してよかった」と思ってもらいたくて、「どうやったら、よろこんでもらえるのか」を毎回深く考えます。

前回の発表会で「もっとたくさんの人から発表をどう思われたのか知りたかった」という意見があれば、「今回はもっとたくさんの人に感想を聞けるようにしよう」と準備します。

しかし、まだ思考は止めず、どんどん考えを深めていきます。

私　「そうしたときに、別の問題が起こることはないかな」

私　←「全員に感想を聞いていたら、順番があとの人の発表時間がなくなってしまうかも」

私　←「制限時間内で、できるだけたくさんの人の感想を聞くような方法はないかな」

私　←「ほかのイベントで参考にできるものはないだろうか」

私　←「そうだ、全員に紙を配って、一斉に1～2分ぐらいの時間で感想を書いてもらえば、短い時間で全員に感想を聞くことができる」

基本的には「なぜ？」という疑問を繰り返して、必要に応じて調べ、自分が納得いくまで考え抜くというやり方です。

外向型は、その場を盛り上げて、イベントの質を高めるのが得意ですが、私はそれはできないタイプです。そこで「裏側」で細かい点にも目を向けて準備することで、高

内向型の隠れた力が斬新なアイデアを生む

い満足度を得られるようにしていました。

このように、深い思考があれば、新しいアイデアや視点を生み出すことができるようになります。

内向型には優れた発明家や起業家が多くいます。彼らがそれを実現できたのは、**ほかの人が見逃しているようなニーズや法則を見つけ出し、新製品を作り出すことができる力があった**からです。

つまり、内向型にはイノベーションを起こし、圧倒的な成功を収める素質があるのです。

課題解決は「深い思考」で初めて可能になる

たとえば、以下のようなクイズがあったとします。

「最小の数を答えてください。カメの前に2匹のカメ、カメの後ろにも2匹のカメ。真ん中にもカメが1匹。全部でカメは何匹いるでしょうか？」

思わず「5匹」と答えたくなりますが、正解は「3匹」です。2匹と2匹と1匹が出てくるので、表面的な数字をそのまま足して5匹とイメージしがちです。

しかし、一番前のカメの後ろには2匹のカメが、一番後ろのカメの前には2匹のカメが、そして真ん中に1匹いるとなると合計3匹で、問題文の意味ともぴったり合います。5匹だと辻褄があいません。単純に足し算するだけで結論を出さずに、「見落としていることはないかな」「どういう状況かな」と**深く考えると分かる問題**です。

仕事でも同じようなことがよくあると思います。

会話の中で数字のやりとりをしているとき、相手の言うことと自分の解釈が何か違

カメは５匹か？　３匹か？　それとも？

う。それは表面的な数字だけで理解しているからで、背景をイメージして深く考えていないからです。

私もかつて、こんなことがありました。

販売員「ユーザー1人あたり月1万円のライセンス料で使用できますよ」

私「ユーザー1人あたり月1万円ですね」

販売員「はい、1人あたり月1万円です」

その製品を使うユーザーは10名ほどの想定でしたので、一瞬、月10万円と思いました。しかし、「本当に10万円なんだろうか？」という思いがよぎりました。

私　「使用するユーザーが10人なら、10万円ということですか？」

販売員「使用ユーザーではなく、登録ユーザーです」

という回答がありました。そのライセンスは、複数の製品が含まれるパッケージで、ユーザー数とは、「システムに登録されているユーザー数」のことだったのです。

正確さが求められる現代、反射的に判断せずに、一呼吸おいて、内向型ならではの深い思考を呼び起こし、結論を出すことで、直感に頼らない正確な判断で、個人、組織としての成果を着実に上げることが可能になります。

やってみよう

背景や文脈まで深く考えて、新しいアイデアやニーズ、法則を発見する。

「内向型の戦略④」「過敏」を「観察力」に変える

「観察力」のある人が気づけること

「何かあったの？　いつもと違う様子だけど、どうしたの？」という気軽な声かけは、日常でよくあります。

しかし、この声かけは誰にでもできるわけではありません。

なぜなら、相手の顔色や表情の変化、行動の違いなどを観察しなければ出せない言葉だからです。

外向型はこんなとき、別のことへ意識がいき、周囲の人に変化があっても見過ごしがちです。気にならないわけではなく、興味がいろんな方向に向かっているので、必ずしも見つけられるとは限らないのです。

内向的な人は感受性が豊かで、周囲の状況や人々のちょっとした変化に気づきやすい「過敏」な特徴があります。だから、

「普段と様子が違って見えるけど、何かあったのかな」

と、周囲の人の変化を見つけることも得意です。得意というより、自然に気づいてしまうといったほうが正しいかもしれません。

もし、後輩が困っていれば、話を聞いたり、助けてあげる方法はないかと考えたりできます。もし、目上の人がイライラしているのに気づけたら、

「忙しいのかもしれない。後でもいい話だから、今話しかけるのはやめよう」

と気遣えます。つまり、**内向型の観察力は、人間関係を円滑に進めたり、深めたりするのに役立つ**のです。

ある人の昨日と今日の違いを見分けるだけでなく、ある人とそのほかの人との違い

観察力がある人は、違いを見つけるのが得意

を見つけることが得意なのも観察力がある人の特徴です。

たとえば上図の中には、一つだけ表情が違う顔文字が入っているのですが、見つけることができますか?

こういうことが早い人、または、楽しくとり組める人は、観察力のある人です。

不良品を見つける作業やプログラムのバグ探しなど、その特徴が武器になります。

私は学生時代、スーパーの青果コーナーでアルバイトをしていましたが、腐ったイチゴを社員の人よりも素早く見つけることができ、いつも誰よりもいい売り場を作っていました。

観察力があれば「高度な分析」もできる

この小さな変化や違いを見つけられる力は、分析に役立ちます。分析とは、対象となるものの違いを比較して見つけることです。

協会では毎日SNSやブログ、コラムなどを更新・投稿していますが、投稿の反応を必ず確認します。

目に見える「コメント」や「いいね！」の数はもちろん、検索結果一覧に表示された回数や、実際に閲覧された回数、どんなワードで検索して訪れた人が多いのかといった、裏側の分析をします。

すべての観察に該当しますが、多くの項目を観察することで、どの投稿の反響が大きいのか、傾向を分析するタネになり、今後の投稿の改善につながります。

面白いものでは、「あがり症を治すとっておきの魔法の方法」という思いもよらなかった検索ワードをきっかけにサイト訪問する人が多いことが分かりました。そこで、その検索ワードをそのままタイトルにしてブログを書いたところ、さらにサイト訪問者を増やすことができました。

観察力には他者や周囲を見るほかに、もう一つ、自分を観察する「自己観察力」という側面があります。自己観察力を持つ人は、自分の行動や習慣を客観的な視点で観察し、改善点や新しい気づきを探ることができます。

他者と自分を観察する力を武器に、大きな成果を上げていきましょう。

やってみよう

細かい変化に敏感だから、誰よりも早く気づける。早い認識が、不具合の発見や比較分析に役立つ。

「内向型の戦略⑤」「無口」を「傾聴力」に変える

「傾聴」は内向型だけの特別な能力

ある日、とある夫と妻が週末の計画について話していました。

妻　「今度の週末、あの新しいレストランに行ってみたいな。友達が美味しいって言ってたの」

夫　「（スマホを置き、妻をじっくりと見ながら）それはいいね。どんな料理があるのかな？」

妻　「色々な種類があるみたい。私は特に海鮮が気になってるの」

夫　「海鮮か、いいね。どの料理を試してみたい？」

妻　「シーフードパエリアがおいしいらしいよ」

夫　「いいね、パエリアは久しぶりだし、楽しみだな、行こう！」

一般的に話を聞いてくれる姿勢は好意的に受けとられます。

反対に、スマホをいじりながらなど、「ながら」で話を聞く人は、相手に「ちゃんと聞いてないな」と不信感を持たれます。相手は「自分が大切にされていない」と感じ、その人を嫌いになり、人間関係が壊れてしまうでしょう。

話をしっかり聞いてもらうことで、自分が受け入れられているように感じたり、孤独や不安を少し和らげたりすることができます。

傾聴は、いいつながりを築き、保つための大切なスキルです。

内向型は、外部の刺激に対して繊細で、大勢の中や、にぎやかな場所では疲れを感じることがあります。感受性が豊かでどんな些細なことも耳に入ってきて、つい聞い

「ながら聞きの人」より「相手を見て話を聞く人」が信頼される

てしまうからです。

しかし、その感受性は「傾聴」として武器になります。微細な顔の表情や身振りから相手の気持ちを感じとり、言葉の奥の思いや感情まで見抜き、静かに聞くための力となるのです。

「傾聴」はいい信頼関係の「土壌」である

感情を抜きにした業務上のコミュニケーションでも、傾聴力は強みになります。

職場のミスコミュニケーションは、プロジェクトの遅延、社員間の不調和、さらには業績の低下の原因となることが知られています。

傾聴では、相手が話しているときにじっくりと耳を傾けて話の内容を理解しようとする心がけが大切ですが、このような姿勢は、内向型の多くの人々が習慣的にすでに持っているものです。

うまく傾聴ができれば、それが土壌となって、日常の会話からビジネスの場面に至るまで、コミュニケーションの質を高め、人間関係をより深めるカギとなります。

> やってみよう
>
> **無理に話そうとしない。傾聴すれば、相手の感情や意図を読み、コミュニケーションできる。**

［内向型の戦略⑥］「おせっかい」を「気配り力」に変える

内向型の3つの気配り

気配りとは、「他者の気持ちや立場を尊重し、それにあわせた温かい言動や心で接すること」です。

相手の感情を敏感に感じとる能力ともいえるでしょう。気配りが得意な人は、人との絆が深いだけでなく、感謝されることが多いので自己肯定感が高かったり、他者からも好意的に評価されたりすることが多いです。

気配り力は、他者の気持ちを理解することが得意な人のほうがより上手にできます。

つまり、内向型が得意な部分なのです。
具体的に内向型は、次の三つの気配りを武器にできます。

①困っている人の気持ちを敏感に感じとる

困っている人の気持ちに気づくことができます。そして、どのように手伝えばいいかを考えることができます。

たとえば、電車で座っているとき、目の前にお年寄りや体の不自由な方が来たら、立っていることが大変だろうと感じとり、「できることなら席をゆずってあげたい」と気遣ったことはないでしょうか。

内向型は、人がたくさんいるとき、「どうぞ」と声をかけることに勇気がいるかもしれません。私もそうでした。ゆずりたいという気持ちはあっても、恥ずかしさから、なかなか声をかけることができませんでした。そういう日は家に帰っても後悔しました。「よかったらどうぞ」と声かけできるようになったのは、あがり症を克服したぐらいからです。

まずは、「相手の気持ちを感じとり、気遣うことができる」という内向型の特徴に気

内向型は気配り力で、人との絆を深められる

づくことです。そして、自分がどんなサポートをしたいか、そこに目を向けて実行する。すると、自然にできるようになります。

②人がリラックスできる空間を作る

相手や周りの人が落ち着いて何かをできる環境を上手に作ることができます。

たとえば友達や知人が家に遊びに来たとき、相手にできるだけ心地よく過ごしてもらうにはどうしたらいいいか。

内向型は、他人の感情や望みに敏感なので、普段、自分がやっていないことでも、誰かのためと思うと無理なく動くことができます。

③心地よい距離感を保つ

相手の気持ちやプライバシーを尊重し、適切な距離感で接することができます。適切な距離感とは、「相手が不快に感じない距離」です。

たとえば、相手の話を聞くとき、あまりにもつっこんで秘密の話や触れてほしくない領域に迫ったりすると、相手は不快に感じます。

内向型は、その引き際を上手に察知できます。相手の表情や身振りから、その人の感情や反応を読みとることに長けているからです。

そのときにやるべきことは「これ以上は相手に不快だ」と敏感に感じたら、それを素直に相手との距離感に反映させることだけです。

「気配り」に欠かせない4つの特性

ここで挙げた気配りを生かすためには、以下の特性が求められます。

共感力：人の気持ちや状況を理解し、共感する。

先を読む力：周りの動きや変化を感じとり、次に何が求められるかを予感する。
控えめな態度：場の雰囲気を大切にし、必要以上に目立たないように振る舞う。
タイミング感知：言葉や行動の最適なタイミングを見極める。

いずれも、内向型が自然と持っている特性です。

私は講師になってから、これらの特性の価値を改めて実感しています。
講座に初めて来る生徒さんは、緊張しながらも勇気を振り絞って、来ています。「バンジージャンプをするぐらいの勇気をもって参加しました」という表現をする人がいるぐらい、考え込んで藁にもすがる思いで来る人が多いです。
私も初めて講座に申し込むとき、「ほかの参加者の間で自分だけあがったらどうしよう、何をさせられるんだろう」と不安いっぱいでした。そういう人たちの気持ちには「深く共感」します。

講座の主役は生徒さんです。発表練習のときも必要以上に大声を出して盛り上げ役を買うようなことはしません。

「控えめ」に私はサポート役に徹します。教室がガヤガヤすれば緊張しにくいことは分かっていますが、職場で困っている（実際に緊張してあがっている）環境は大概静かな環境なので、できるだけ同じシチュエーションで練習できるように、私は控えめに進行します。

その効果があって生徒さんからも、「本番ではビックリするほど落ち着いてできました。あのとき静かな教室で発表練習したから、本番はそれほど怖く感じませんでした」という声を後でよく頂きます。

やってみよう

小さな気遣いや共感の心は、人々との深いつながりを生む。気配りは感謝を生み、自己肯定感が高まる。

「内向型の戦略⑦」「無関心」を「冷静な判断力」に変える

「本当の価値」を冷静に判断する

「目の前のマシュマロを15分間食べるのを我慢できたら、2個にしてあげる」

こういうシチュエーションがあったとき、あなたならどうしますか？

今すぐにマシュマロを食べてしまうか、それとも、二つもらえるチャンスを待つか、それを決めるのがここでのポイントです。

知っている人もいるかもしれませんが、これは子ども向けの「マシュマロ・テスト」という実験で、我慢強さや先を考える力を測るのに使われています。1960年代に

スタンフォード大学の心理学者であるミシェル博士が作った、幼児向けの心理実験です。すぐにマシュマロを食べた子は、「今すぐ欲しい！」という気持ちを我慢できませんでしたが、待って二つをもらった子は、より大きい報酬のために待つことができたといえます。実際に、待って二つをもらった子は、人生においても大きな成功を収めています。

これはまさに、**「ちょっと待つことによって、よりいい結果を手に入れる」という冷静な判断力の強み**を示す好例です。

「冷静な判断力」と「慎重」は似ています。たとえば、旅先で美味しい食べ物を探しているとき、「冷静」なら、売り子の売り文句に惑わされず、感情をコントロールして、美味しい食べ物かを見定められます。

一方、「慎重」は、1個あたりの値段か100gあたりの値段か、間違えないように判断することです。つまり、「冷静」とは、感情をコントロールして流されない能力、**「慎重」とは、間違いを避ける能力**です。

内向型は、自分の感情を内にとどめて、じっくり考えてから判断するので無関心と思われがちですが、それは冷静な判断を下す力なのです。

内向型の冷静な判断プロセス

内向型は、感情だけで素早く行動するのが苦手です。しかし、その特徴は利点でもあります。**いつも慌てずにじっくりと考える習慣がある**ということからです。

私は、ＩＴ企業に就職して、社内では華やかな業務であるアプリケーションの構築に携わりたいと思っていました。そのチームには明るい人が集まっていて、暗い自分を変えたいという気持ちが強かったので、憧れていました。

しかし、配属先はアプリケーションの基盤やプログラムを管理するインフラチームでした。裏方の中の裏方です。客観的に見れば、私に合っていたのかもしれませんが、感情としては、「今すぐ、アプリケーションチームに異動したい」と思っていました。

しかし、そこで冷静になり、インフラチームの利点に目を向けてみました。

ＩＴ業界のインフラといえば、できて当たり前、あって当たり前の世界です。サーバやネットワークなど、そんな言葉聞いたこともない人が圧倒的に多く地味で目立つはずもありません。道路や水道が当たり前にあることと同じです。

でも、あって当たり前だから、故障したり、運用が滞ったりすれば、途端に大惨事です。多くの人に迷惑をかけます。その分、身につく技術は安定性があり、特に関係する資格を取得したら「一生、食いっぱぐれない」といわれるほどでした。

そこで私は「将来安泰」なら悪くないと考え方を変え、ＩＴインフラのチームに長く在籍することになりました。

その判断は大正解でした。ＩＴ業界のインフラはいつも「人手不足」といわれ、仕事がなくなったり探すのに苦労したりすることはありません。待遇も比較的いいです。

この結果は、冒頭のマシュマロ・テストにつながるところがありますね。

冷静な判断力は、仕事の場面だけでなく、日常生活にも欠かせない能力です。買い物から人付き合い、人生設計まで自分や家族を守るためにも、状況を冷静に判断することが求められます。

やってみよう

冷静な判断とは、未来の価値を見極めること。目の前の価値に振り回されず、最良の選択をする。

第1章

「自分らしさ」を守る

「自分らしく働きたい」
そのためには、何が必要でしょうか。

答えは、
自分の特徴を知り、
それを生かしながら仕事をこなしていく、

そのスキルを身につけることです。

自分の好きなことや信じていることを、
大切にしながら働くことも重要です。

やる気を持続できる目標を設定し、
ときには贅沢なひとりの時間でリフレッシュ。
効率的な時間管理で焦る時間を減らし、
自分と向き合いながら、自分らしさを磨く。
そして、観察力を鍛えて、
自分にとって本当に必要な選択をしていく。

「誰かのおすすめ」にすがるのではなく、
「自分らしさ」が発揮できる働き方を
自分で見つけるのが唯一の方法だと考えています。

1 「小さな目標」でやる気を充電する

なぜ9割の人は、やる気が持続しないのか？

何をするうえでも、「やる気の持続」は重要です。

やる気があってこそ、個人の成果や成長はもちろん、組織の成功にも大きな貢献ができます。社会人として身につけておきたい基礎的な要素です。

しかし、やる気の持続が難しいこともまた事実です。

アメリカのスクラントン大学が行った調査によると、**新年の抱負を立てた人の92％がそれを達成できないという結果**が出ています。また、イギリスのブリストル大学でも同じような研究が行われており、研究参加者の52％が最初は成功を確信していたにもかかわらず、88％が抱負達成を失敗しています。

どちらも、目標達成者がとても少ないのです。ほかにも、目標達成の難しさを示す実験・研究が多く発表されており、いかに目標達成が難しいかが分かります。

なぜ目標達成に向けた「やる気は長続きしない」のでしょうか？

やる気が続かない理由は、こうしたことが原因です。

「目標があいまい」「途中経過を確認していない」「非現実的な目標だった」「達成したいと思う意思が続かなかった」「いつまでに達成するか決めていなかった」

目標達成するためにはどれも大切ですが、そのポイントは、

○ **目標設定**

○ **進め方**

にまとめられます。

内向型の特徴を活かした目標の立て方

目標設定では、序章で紹介した「内向型の特徴を表す言葉」を必ず入れます。

①集中力／②慎重さ／③深い思考
④観察力／⑤傾聴力／⑥気配り力／⑦冷静な判断力

この言葉を目標設定に加えることで、内向型の特徴を「強み」と自分自身に意識付けできます。ここが内向型の目標達成への出発点です。

ちなみにこのとき、「外向型らしい言葉は使わない」ということも意識します。「グループに積極的にかかわる」「会話を盛り上げる」とすると、「内向型から外向型に変わろう」という内向型にはない特徴を無理やり使うことになるからです。

「内向型らしい言葉」を使って目標設定できたら、最後に「自分史上最高の」という

目標達成できるのは、上位8％だけ！

頭語をつけます。私はこれを魔法の言葉と呼んでいますが、たとえば、

○自分史上最高の鋭い観察力と高い集中力を発揮し、市場を震撼させる革新的な新製品の企画を立てる
○自分史上最高の深い思考力を発揮して、独自のデザインスタジオを設立、国内の権威ある賞を受賞する

などといった目標設定ができれば理想的です。

「自分史上最高の」とつけることで、「他人との比較」を除外できます。人はつい自分と他人を比べがちです。でも、他人と比較しては、いつまで経っても自信がつく日はやってきません。

また、「集中力が高い」「観察力が鋭い」といっても、「いや、でも、自分より集中力高くて観察力が鋭い人なんてほかにもいるし……」と内向型はよくマイナス思考になります。上の人と比べれば嫉妬や自分を蔑むことになり、下の人と比べても不要な優越感が生じます。これらはすべて、やる気持続の妨げでしかありません。

やる気を持続させるためには、**「過去の自分と今の自分を比べる」**ことです。「誰よりも、深い思考ができるようになる」よりも、「今までの自分よりも、もっと深い思考ができるようになる」のほうが目標達成しやすいでしょう。

私はあがり症克服協会の講師になるとき、先輩講師がたくさんいましたが、「これだけは他人に負けない」なんてものはありませんでした。

そこで講師になるときは、「自分史上最高の傾聴で、生徒さんのどんな悩みも解決できる人になる」と心に決めました。

目標は自分にとって苦しいものではなく、「こうなれたらいいな」と心底ワクワクできる目標を設定します。

私は講師になるとき、「自分史上最高の傾聴で、生徒さんのどんな悩みも解決できる人になる」を目標にしましたが、ほかの人からしたら退屈な目標かもしれません。でも、あれほどつらかった自分の経験がむしろ誰かの役に立つなんて、それを考えただけでとてもワクワクしたものです。

やる気を失わない「目標達成のための進め方」

「目標を決めたときはやる気があったけど、気づくとやめていた」

こんな経験は、誰にもあるのではないでしょうか。

そうならないために、何年先でもいいので、**「いつまでに」という期限**を決めます。

期限を決めたら、大まかでいいので、段階的に分けて、ステップごとにも小さな目標を設定します。

小さな目標があると、それをクリアする度に自己肯定感が増し、やる気の原動力となります。つまり、こまめに自己肯定感が増すような進め方にすることで、やる気を失うことなく、継続できるようになるのです。

これが、目標達成への基本的なステップとなります。

私はあがり症克服協会に生徒として通い始めたころ、「5年後ぐらいに講師になれたらいいな」という気持ちを持っていました。その大きなゴールに向けて、参加した一つひとつの講座を「段階的な小さなステップ」と位置付けました。

「今日はとにかく、大きな声を出そう」

「今日は、ホワイトボードを使って、みんなの前で文字を書いてみよう」

など、講座に参加する前に必ず小さな目標を設定しました。講座でそれを達成できると、自己肯定感が高まるのです。

講師になるには、あがり症を克服する必要があったのですが、結果的には、およそ半年後に講師になることができました。そもそも5年と思っていたのは、自分に対する自信の無さからで、やる気さえあれば目標は早めに達成できるのです。でもすべては、**明確な期日があったからとり組めたこと**です。

仮でも目標日は達成して、小さなステップを続けていくことが目標達成のためには共通して大切なことであると思っています。

やってみよう

やる気の持続には「自己肯定感」。
内向型の特徴を認め、小さな目標で自己肯定感を高める。

2 「ひとりの時間」で心を守る

「いつ、自分」がメンタルを病むかわからない

忙しい日々の中、仕事、家庭、地域の関わりなど、さまざまな役割を掛け持ちしているると思います。その中で気をつけたいのが、健康です。特に内向型が気をつけたいのが、「心の健康」です。

厚生労働省の「令和4年　労働安全衛生調査（実態調査）」によると、メンタルヘルス不調で連続1カ月以上休業または退職した労働者がいた事業所の割合は13・3％で、前年に比べて3・2ポイントも上昇していました。

大丈夫と思っても心は花瓶のように壊れやすいものです。

詳しくは後述しますが、私はＩＴ企業に就職して3年目、心の不調で体調を崩しました。

渋谷の客先に常駐しているとき、ひどいめまいと吐き気に襲われて、たまらず早退。一緒にいた先輩は私の顔を見てびっくりした様子で「顔が真っ青だけど大丈夫？」と心配されました。その日は「寝れば治るだろう」と軽く思っていたのですが、次の日、職場に近づくほど、あのめまいと吐き気が襲ってきたのです。

「これは無理だな」と思って、上司に電話で「途中まで来たのですが、体調悪いので帰ります」と告げて帰路につくと、体がフーっと楽になりました。

「これがもしや、噂に聞いていた心の病か……」と、認めたくないものの認めざるを得ない状況でした。**まさか自分が壊れるとは思っていませんでした。**それから半ば強制的に休暇をとらされ、引継ぎもしないまま、客先から社内に戻されました。

この経験から「心のセルフケア」の重要性を感じました。日頃からきちんと行うことで、心の安定や前向きな気持ちをコントロールしないとある日突然……ということが誰にでも起こりうるのです。

内向型が自分の心を守る方法

内向型がセルフケアをするうえでまず押さえたいポイントは、「**ひとりの時間**」です。

刺激の少ない環境に身をおくことでエネルギーが回復するのが内向型の特徴です。静かな時間やひとりの活動ができる環境を整えます。

たとえば私は、動物の動画をよくひとりで見ます。だいたいが1分以内（短いものでは1秒のものも）ですぐ見られるショート動画です。気に入った動画をストックしていて、心がざわついたときに繰り返し見ています。

騒がしい動画とは違う、動物ならではの落ち着いた感じが自然と心を和ませてくれるのはもちろん、抱えている心配事のちっぽけさにも気づかせてくれます。地球上の生物は人間だけではないし、小難しいことにずっと頭を悩ませたりしなくてもいいんだと思わせてくれるのです。

ひとり×静かな場所×リラックスで、エネルギーを充電

「絶対に失敗できない」という自分を追い詰めるような気持ちが、「失敗しても何とかなる」と気楽に構える気持ちに変わる。つまり**「ケア」とは、プレッシャーやストレスから解放され、自分が自分らしくなり、「元気」や「やる気」をとり戻すこと**です。

ひとりでいる自分を「寂しい人」と思う必要はありません。むしろ内向型にとっては、最高の贅沢です。

生徒さんにも、読書や音楽鑑賞、映画やドラマの視聴、ヨガや料理、自然の中での散歩など「ひとり」でできるものを行っている人が多くいます。

まずは自分に合ったものを見つけてみて

ください。

「日常」に心のセルフケアを組み込む

自分なりの「心のセルフケア」が決まったら、日常のスケジュールに組み込みます。予め組み込むことで、「忙しいから」「予定が入ったから」「別のことをしたいから」「今日は面倒だから」などの理由で時間をおろそかにする余地をなくします。

最適なのは、週に数回から毎日少しずつ行うことですが、月に数回、月1回程度から始めるのもよいです。続けるうちに、**「無理なく続けられる自分のペース」**が見つかります。それが見つかったら、少しずつ頻度を増やしましょう。

いざ始めてみたら、思いがけないストレスや疲れを感じるかもしれません。そんなときは、自分の気持ちや反応をじっくり観察し、どうすればリラックスできるかを知ることで、自分にとって最高のセルフケア方法を見つけることができます。

私のセルフケアは動画視聴以外にも、音楽鑑賞、スポーツ観戦、散歩、変わったところでは、オンライン対戦を使うこともあります。Ｎｉｎｔｅｎｄｏ Ｓｗｉｔｃｈやスマホのアプリで将棋やテニスゲーム、クイズ早押しなどのオンライン対人戦をやります。相手が人だとコンピューター対戦よりも没頭でき、嫌なことを一旦忘れるにうってつけです。

そのときの自分にとって最適なセルフケア方法を見つけ、心地よく過ごせる時間を優先する。それが「内向型にとっての心の健康を維持する最善の方法」です。

やってみよう

内向型の心は「ひとりの時間」でケアできる。自分のペースで計画的にひとりを楽しむ。

3 「時間管理」でマイペースを保つ

自分らしさを守る「時間管理」とは？

一度にいくつもの仕事を依頼されてパニックになることはありませんか。次々と出てくるワニを手持ちのハンマーで一心不乱に叩く「ワニワニパニック」というお馴染みのアーケードゲームがあります。

このゲームでは、5匹のワニがランダムに出てきて、叩けた数で得点を競います。ワニには動く速度、出てくる順番に違いがあり、油断すると見逃してしまいます。重要なのは、ワニの動きをよく観察し、どの順番で叩くかを判断することです。

「いきなり何の話？」

と思ったかもしれませんが、仕事の時間管理にも同じ側面があります。依頼された仕事をすべて作業しようとすると、どれから手を付けていいかパニックになります。ワニワニパニックと同じで、一番に依頼されたけど1カ月後までにやればいい仕事（動きの遅いワニ）、二番目に依頼されけど急ぎの仕事（動きの早いワニ）があるはずで、それを優先順位で仕分けて順番にやっていく必要があります。

このときに重要なのが、時間管理の能力です。

内向型は完璧主義の傾向があり、多くの仕事を抱えても、すべて完璧にこなそうと思い、それがパニックの原因になりがちです。**内向型は、時間管理をしっかりすることで、時間に追われることなくじっくり考える環境を整える必要があります。**

私も新人の頃は、とにかく全部こなそうという気持ちが先に立つタイプでしたが、その気持ちが結局自分を追い詰めました。何をしていても、常に別のことが気になり、何もかも中途半端。心も擦り減り、仕事の質も最悪です。

そこで初めて、仕事を効率よく進める時間管理の大切さを実感しました。

時間管理で大事なことは、**「タスクの洗い出し」と「優先順位付け」**です。

タスクの洗い出しは、自分がやらなければならない仕事（頼まれた仕事、自分で見つけた仕事）を漏れなく明らかにすることです。

優先順位付けは、「洗い出したタスク」を一つひとつ期限で並べることです。より早いタスクが優先度「高」、遅いほど「低」という位置づけです。

たとえば、朝9時にメールが届いていたら、どうするか。まずは静かに、慎重にメールの内容を確認し、「自分が行うタスクのピックアップ」をします。

◎「今日中に作業Aの内容を報告してください」
◎「来週のこの時間までに作業Bを実施してください」
◎「今日の昼までに作業Cをお願いします」

この3つのタスクがあることが分かりました。これが、タスクの洗い出しです。

次は、優先順位付けです。

期日を踏まえ、次の順番に並べかえます。

①「今日の昼までに作業Cをお願いします」
②「今日中に作業Aの内容を報告してください」
③「来週のこの時間までに作業Bを実施してください」

これで優先順位付けが完了です。

「断る」スキルで余裕をつくる

タスクが増えなければ、先ほどのやり方だけでなんとかなります。

でも、仕事は常に新しいものが生まれます。作業中にさらに人から仕事を頼まれることは日常茶飯事でしょう。

対策は、二つあります。

①早めに出勤して、人がいない間に作業する
②多くの人が自分の作業に集中する残業時間、自分も集中してやる

勤務時間が延びると感じるかもしれませんが、心理的な負担は軽減できます。
私は20代後半に仕事で病んでからは、この方法で自分管理をしてやってきました。

「静かな時間」を確保しても、自分の能力不足や物理的な作業量の過多で、すべてのタスクを実行できない場合もあると思います。

そんなときは、他人の力を借りるのも手段ですが、内向型はそれがちょっと苦手です。ですから、私は受ける時に**「断る」という仕分け**をするようにしています。

断る理由や期限の相談をする必要になったら、「洗い出したタスク」や「優先順位付け」の資料を見せながら「自分には難しいです」と伝えます。説得力のある理由なので、相手も無理強いはしてきません。

私は現在、あがり症克服協会で、講師以外にも、問合せ対応や受講履歴管理、入金

管理、スケジュール管理、HP管理など、多くの業務を兼務しています。きちんとこなせているのは、断ったり、ほかの講師に業務を代行してもらったりができているからです。

すごく仕事ができると思う人ほど、きちんと断る勇気を持っています。むしろ、仕事を安易に受けるのは、最終的に相手に迷惑をかける可能性もあります。

パニックになることが予見できたら、自分を守るために、できないことはできないと伝えるようにしていきましょう。時間内にできないことを見極めるのも、立派な時間管理の一つです。

やってみよう

①タスクを洗い出し、②優先順位を設定すると、限られた時間で、最大限の成果を出せる。

4 「内省」でポジティブな自分を引き出す

「内省できる人」だけが得られるもの

「深い思考」は、内向型の特徴です。

自分の内側をじっくりと見つめます。たとえば、今、この本を読んで自分が何を感じているのか、なぜその感情があるのか、自分の行動や考え方について考えたりします。これが内省《ないせい》です。

内省には、集中力と、静かに自分の心と会話する時間が必要ですが、どちらも、内向型の特徴の一つです。

内省で「ポジティブな自分」を引き出す

自分自身をよく理解し、自分の特徴を深く知ることで、自分の成長、問題の解決、いい人間関係の構築が可能になります。つまり、**成長のためのスキル**なのです。

「内省」と似た言葉で、「反省」という言葉があります。「内省」は感情や考えに焦点を当てて、自分自身を理解するためのプロセスです。「反省」は過去の行動に焦点を当てて、行動の改善にとり組むプロセスです。

どちらも成長に欠かせないアプローチですが、ここでは、内向型にとってより力を発揮しやすい「内省」に焦点を当てます。

内向型は、よく内省します。でも、その特徴を肯定的にとらえていなかったり、うまく使えていなかったりすること多いです。

自己批判的な考えやネガティブな自己評価、あるいは過去の過ちや失敗に対して過度に内省し、未来に向けた前進が妨げられてしまう……。

それらは、内省の一つの側面であり、デメリットです。そしてそれは多くの場合、内省をしすぎることから起こります。

内省をうまく利用するには、内省のメリットを知り、それをポジティブな行動に変えていくことです。

内省の正しいやり方

内省のメリットを改めて確認しましょう。

内省には、自分の好き、苦手、興味などの発見、トラブルや課題の解決策、自己改善方法の発見、心配や不安への対処法、夢や目標の発見など多くのメリットが挙げられます。

内省でポジティブな行動に変わるには次のステップを踏むことです。

①感情の認識
②感情の原因分析
③ポジティブな視点を探す
④目標設定
⑤行動計画

たとえば、日曜日の夕方、「最近、仕事が忙しくて、しんどい。明日の仕事嫌だな」と憂鬱な気持ちになったとします。そんなときは次のように内省します。

①感情の認識
仕事が忙しく、ストレスを感じ、イライラや不安があることに気づきます。

②感情の原因分析

ストレスの原因は、締め切りに追われていることだと気づきます。

③ポジティブ視点を探す

ストレスを「新しい挑戦を受け入れる機会」ととらえます。

④目標設定

ストレスを軽減し、より効果的に仕事をこなすため、目標を「ストレス管理の技術を学ぶこと」と設定します。

⑤行動計画

ストレス管理の方法を学ぶため、週1回ヨガ教室に通う計画を立てます。

行動はチャレンジすぎることよりも、まずは自分相応にできそうなことを設定したほうが動きやすくなります。

このように内省から行動につなげることで、内省のメリットが生きてきます。このルーティンを繰り返すことで内省力が強みとなり、自分自身の成長につなげていくことができます。

やってみよう

内省で、自分を責めるのではなく、自分の成長の機会の発見に努める。

5 「観察力」で未来を見通す

観察力で、少し先の未来を見通す

かつて、私は1時間30分かけて電車で通勤していました。車内はいつも満席で、座りたくても座れずいつも立っていました。

でもある日、停車駅の一つ前の駅で周囲を見回す乗客たちがいるのに気づき、その素振りを見せたら次で降りる可能性が高いと気づきました。そこで、そうした乗客を見つけたら、その乗客の近くに立つようにして、時折座れるようになったのです（中には終点まで座ったままの人もいましたが）。

「観察力」で少し先の未来を見通す

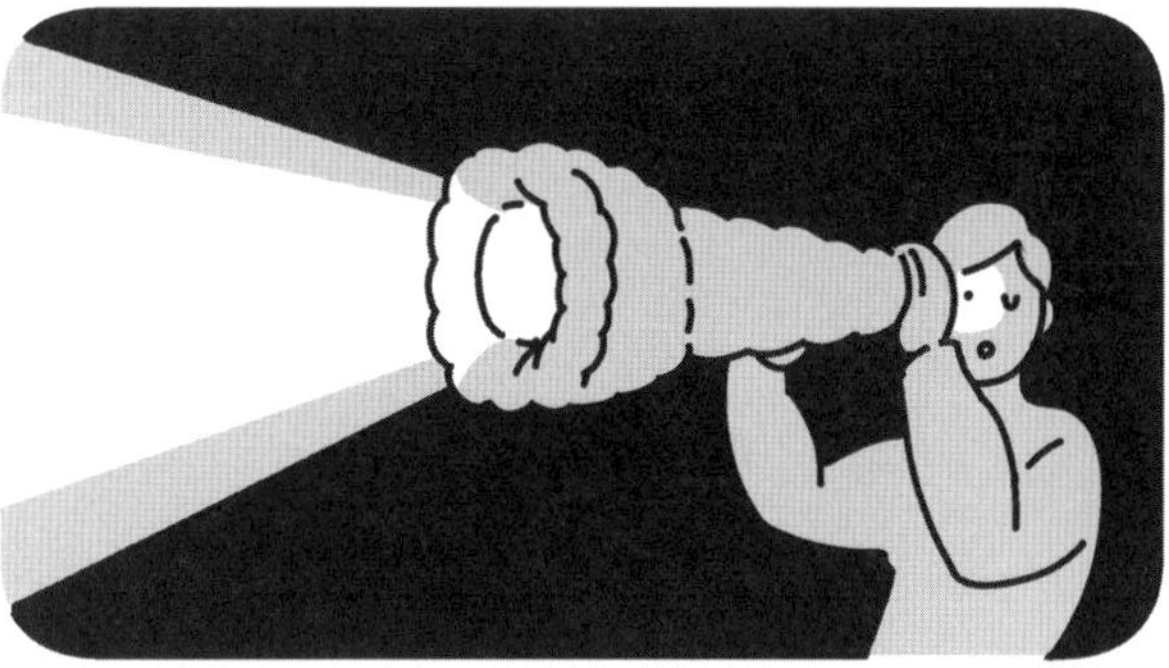

これは私の観察力が役立ったエピソードですが、内向型の多くも、周囲の環境や他人の行動に対して細かい観察を行う特徴があるのです。

これが上手にできるようになると、**少し先の未来を見通すことができる**のです。

通勤電車での出来事は、仕事外のことですが、仕事上でも大いに役立つ場面があります。

たとえば、製造ラインにいる内向型の従業員。故障の前触れである機械の異常音や特異な振動、異臭に敏感なので、速やかな報告で生産の遅れや安全上の問題に気づくことができます。

また、ＩＴの専門家なら、システムのパフォーマンスの変動やデータの異常を敏感にとらえ、迅速な対応でデータ侵害やシステム障害を防ぐことができます。

これらの職種に限らず、さまざまな職場で観察力は役立つ場面があるのです。

観察力をフル活用するための３つのコツ

ここでは、観察力をさらに高めて、最大限に活用するためのコツをご紹介します。

①環境を変えてみる

立場を変えると、見方が変わることがあります。私は、ほかの講師の講座にアシスタントとして参加することがあるのですが、自分の講座とは違った緊張感や景色が見えてきます。

自分の講座では、責任は大きくなりますが、自分の好きなように講座を進めていくことができます。しかし、アシスタント役はそうではありません。

「ではお手本で」という形で、呼吸の仕方や発声の仕方、スピーチの披露など、いつくるか分からない状態で参加しています。

講師になって長くなった今では、アシスタントとして参加するほうが緊張するほどです。しかしその体験は、メイン講師としても生きてきます。

同じことをずっと行っていると、どうしてもなれてきます。ときどき緊張することで、緊張の効果を再確認できます。

たとえば、緊張しているときは、些細なことでも声を上げにくくなるものです。少し部屋が暑く感じても、「もしかしたら自分だけ暑く感じているのではないか」と思ってなかなか言い出せなかったりします。

自分の講座では、こうした視点で生徒さんを観察できるようになります。「空調暑く感じている人はいないだろうか」。すると、体調が悪くなることを未然に防ぐことができます。観察力で観察したことを、内向型の「気配り力」で実行することで周囲の満足度を上げることができます。

②気になったことはメモして共有する

私は、生徒さんの発表や発言、会話など細かくメモするようにしています。さらに、それぞれの講座での生徒さんの様子や内容などをまとめて、講師内で共有しています（もちろん社外秘です）。

たとえば、公務員の管理職の人が講座にエントリーしたとき、講師内での共有から「議会答弁の練習のために参加してきたのかな」と予測が立ちました。

そこで私は、公務員経験のある講師に話を聞いたり、公務員向けの専門書で対策を確認したりして、的確なアドバイスができるよう準備しました。

こうやって観察したことを、誰かのために使うことで、あまり関わりがなかった生徒さんにもきちんと対応できるようにしています。

③固定観念を捨てる

「人は見た目が9割」というよく知られた言葉があります。

これはメラビアンの法則という明確な根拠があります。相手に対する好感度や信頼

「観察力」でほんの少し先の未来が見える

感は、主に見た目や態度、声のトーンなど、言葉以外の要素で9割決まるといった、研究や実験に基づいたものです。

講座に初めて来る生徒さんは、一見すると、たいてい無愛想に見えます。表情は硬く、目は合わせず、声を掛けてもほとんどリアクションもなく、声のトーンはテンション低め。職場でもしそういう人がいたら、「なんて無愛想なんだろう、他人と仲良くとか、うまくやっていく気がないのかな」と思ってしまうはずです。

しかし、「見た目」はそうかもしれませんが、内面は違います。

「これから今日は何をさせられるのだろう」

「周りはみんなあがらなくて、自分だけあがってしまったらどうしよう」

といった心配を、講座に来る何日も前からしている。でも、当日逃げずに、強い意志で参加している生徒さんたちなのです。

実は、緊張・不安の表情や態度と、無愛想・無関心の表情や態度はよく似ているのです。もし私たち講師が、無愛想に見える態度だけを見て、そのまま「この人は無愛想な人だ」と思って接したら、生徒さんの深い悩みに触れたり、生徒さんに信頼してもらったりすることはできないでしょう。

そのため私は、生徒さんに接するときは、固定観念でその人柄を決めつけないように気をつけています。

見た目から受ける固定観念を捨てることで、その人が真に考えていることや悩みの理解に近づき、冷静に相手のことや、今後のことについて考えることができるメリットがでてきます。

これら3つのコツを意識することで、観察グセがさらに一段階上の「気配り」に使えたり、少し先の未来に対策したりといった、他人のために発揮できる強みへと変わっていきます。このスキルが身につけば、内向型にとって多くの場面で重要なアドバンテージになります。自らの観察力をフル活用していきましょう。

やってみよう

ただの観察グセを、意識的にコントロールすることで、未来を見通す能力に変える。

第2章

控えめのコミュニケーション

コミュニケーションがうまい人ってどんな人だろう?

「にぎやかな人、話し続ける人、声が大きい人」

もしかしたらそう思っていませんか。
確かにそうした人は、コミュニケーションが上手です。
でも、そうではない人の中にも、コミュニケーションが上手な人はいます。

「他人の話を注意深く聞き、その内容に向き合った反応ができる人」

相手の感情や非言語的なシグナルにも敏感で、
自分の意見を述べるだけでなく、相手の考えも引き出しながら、
相互理解を深めることができる人です。

もしかしたら、
「大勢の前で話すことが苦手」という劣等感から、
コミュニケーションが苦手と思っていたとしたら、もったいない。
あなたの力は半分も発揮できていないし、
せっかくの能力が宝の持ち腐れ。
内向型には独自の強みがあり、それを生かすことで、
コミュニケーションの技術を十分に発揮することができます。

この章では、内向型の特徴を潰すことなく、
コミュニケーションの能力を最大限に引き出す
方法について紹介します。

1 「聞く力＋予測質問」で、話し上手を超える

「ただ聞くだけの人」を卒業する

内向型は、「**話を聞くのが得意**」という人が多いです。話を長時間聞くのが苦にならないともいえます。

私も、高校時代には国語の本読みさえできないあがり症でしたが、就職活動のときは履歴書に長所として「聞き上手」と書き、アピールしていたものです。

社会人としてコミュニケーションが重要なのは言うまでもありませんが、「話す力」

だけがコミュニケーション力かというと、そうではありません。聞く人がいるから、話す人がいるのです。つまり、**「話す力と聞く力のセット」がコミュニケーション力**なのです。そして、外向型にとって武器になるのが「話す力」としたら、内向型にとって武器になるのが「聞く力」です。

ただし、聞く力といっても2通りあります。たとえば、

○ただ聞いているだけの人
○聞くのが上手な人

を思い浮かべてみてください。どちらも「聞いている」わけですが、大きな違いを感じないでしょうか。それは、「ただ聞いているだけの人」は本当に聞くだけで何も生み出していない人で、一方、「聞くのが上手な人」は、そこから一歩進んで「より良好な人間関係を築くことができる人」と感じるからではないでしょうか。私は後者を**「傾聴力のある人」**と呼んでいます。

内向型は、元々聞く力に長けています。その「聞く力」を「傾聴力」として伸ばすことで、内向型でもコミュニケーション力を苦労せずに高めることができます。

「予測質問」で、会話上手になる

「ただ聞いているだけの人」から「聞くのが上手な人」に変わるには、

○「相手の助けになりたい」という意欲を相手に感じとらせること

が大切です。そのためには、話を聞きながら、相手に質問をすることです。

「相手が話している最中に質問していいの?」

と思うかもしれません。でも質問は、相手の話に真剣に耳を傾けているというサインになります。話し手は自分の話に興味を持っていると感じ、聞き手を「話を聞いてくれる人＝会話ができる人」と思うのです。つまり、質問はコミュニケーションを単

「ただ聞くだけ」より「予測質問」で聞き上手になる

なる一方通行から、お互いの関係が深まる双方向の交流へと変える力があるのです。これこそが「傾聴力」の最大のメリットです。

質問といっても、無理に「気の利いたこと」や「深みのあること」を口にする必要はありません。私は「予測」を質問するだけです。**「予測質問」**と呼んでいます。

もちろん予測の正当性は重要ではなく、予測を口にすることで、

「相手の話を聞いていた」

「話を聞いているだけでなく、頭で考えながら聞いている」

「続きがどうなるか聞きたい」

という3つの意思を示すことが目的です。

内向型は外向型に比べてこうした気持ちを表現することが苦手ですが、「予測質問」をすることで、それが簡単に可能になるのです。

これは、かつての私と上司との会話です。

上司　「最近、困ったことがあってね。Aさんが別の仕事で忙しくなって、こちらの仕事に割ける時間が少なくなりそうなんだ」

私　「それは大変になりそうですね、私もできる限り頑張りたいとは思いますが…、新しいメンバーは追加されますか?」

私は上司のひと言を聞いたとき、このあと次のようなことを話すのではないかと予測しました。

○「君には苦労をかけるかもしれないが、なんとか頑張ってほしいと思っている」

○「そこで、新しいメンバーを追加しようと思っている」

そこで先ほどの予測質問「新しいメンバーは追加されますか?」をしました。この会話のあと、上司は話が真剣に耳を傾ける人間だと感じるようになり、いろいろな話や相談をされる機会が増えました。

あがり症克服協会で生徒さんと話をするときにも、この手法で話を聞くことで信頼関係を築きやすくなります。

「予測質問」でコミュニケーションの幅を広げていきましょう。

やってみよう

「聞くだけの人」から「聞き上手」へ。
聞く＋予測質問で、一段上の会話が成立する。

2「ひとり作文」で表現力を磨く

「話すのが苦手」だけど、話さないといけない

内向型は、人前で話すことが苦手という特徴があります。

一方で、**世の中は人と話をせずに生きていくことができない**ようにできています。それは社会というものが人と人の関わりを前提に成り立っていて、システムとして会話が組み込まれているからです。

あがり症克服の教室に来る生徒さんも、ほとんどの人がかつて「人と話さずに生きる方法を探した経験」がありますが、誰も成功した人はおらず、教室の扉を叩いてい

ます。

かつて私も、「できるだけ人前で話さない仕事をしたい」とシステムエンジニアという職業を選びました。基本はパソコンに向かう仕事ですが、会議や客先との会話、プレゼンなど人前で話す機会がやはりありました。

でも、心配いりません。内向型であっても、その性格の特性を活かした独自の表現力や発信力を発揮していくことはできます。そのためにポイントになるのが、**「深く考える力」**です。

「ハガキ職人」で鍛えた表現力

私は学生の頃、深夜ラジオが好きでよく聴いていました。そのうちに「ハガキ職人」に憧れ、番組にハガキを投稿するようになります。

ラジオ番組ではよくテーマに沿うネタや話題を募集して、それを番組パーソナリティが面白おかしく読んでくれますが、メールが一般的になる前はハガキや電話で募集していました。ハガキ職人はその中でも、毎回熱心にハガキを投稿するリスナーのことです。

内向型の私は、たとえ面白いことを思いついても、それを人前で表現することはできません。苦手であり、嫌いだったからです。そのため誰かが面白おかしく読み上げてくれることは都合がよく、大きな喜びを感じることができました。

この体験を通して、私は表現する楽しさを知り、同時に「内向型の自分でも人並みに面白いことができる」と自信がつきました。

人前で話す経験を積まなくても、表現力は磨けるのです。内向型は、文章を書いて表現力を高めましょう。

私が表現力を劇的に高めた方法

密かにネタを考えてハガキを送ることが楽しみだった私に追い風が吹くように、世の中はとあるテクノロジーの出現により大きく変わりました。それは、携帯電話のメール機能です。

私が初めて携帯電話を手にしたのは1999年頃でした。ただし、当時のメールには500文字という文字数制限がありました。限られた文字数の中で、どのようにして相手を楽しませ、興味を引く内容を考えるかという作業が、次第に面白くて仕方なくなりました。

たとえば、次のようなことを言いたかったときがありました。

「今日の研修はいつにも増して大変だったよ。いつもは別々の場所で働いている人たちが一同に集まって、まあまあみんな同じレベルの人材が集められたんだと思うけど、制限時間ではとても終わらすことができないようなことをグループ研修としてやらされて、終わったと思ったらまた次は別の人たちと一緒にめちゃくちゃ頭使うようなことをさせられて、頭の中がぐるぐる回り、別の場所にも移動したりして、目まぐるしく景色も変わって——」

というような、順番に全部話そうとする普通の文章を、

「今日の研修は納豆の豆になってかき混ぜられたような気分だったよ。毎朝納豆ご飯食べてるからか、化け猫ならぬ化け納豆に呪われたんじゃないかと思えるほど小粒な同期豆たちが研修の先生にみんなでかき回されて、……まぁでも粘り強さは身についたかな o(^o^)o」

といった感じで、比喩を使ったり、あえて全部話さないで、「これってどういうこと？」と思われる余地を作ったりしながら、興味を引くメールを送っていました。

「意味がよく分からないよ～」と言いながらも笑ってくれたり、辛辣な同僚からも、「送ってくるメール、たまに面白いよね」と言ってもらえたりしていました（笑）。

このメール作文の積み重ねで、私はさらに「表現力」を磨きました。

「短い文章」の積み重ねで、表現力を磨く

こうした経験を踏まえて、文章を書くことで表現力を身につけるポイントは3つだと考えています。

①短い文章を何度も書く

文章力を身につけるためには、短い文章でのアウトプットを重ねることが効果的です。

短い投稿は、ポイントを絞り、要点を明確に伝える力が鍛えられるからです。長い文章でももちろん力はつきますが、「会話」は本来短文のやりとりです。長い文章を会話に置き換えると、冗長で聞き手のストレスになるだけ。いかに短文で話せるかこそ重要なのです。また、短い文章のほうが、短時間で書けるので、圧倒的に挫折しにくいです。

②同じネタを繰り返し書く

いつも違うネタである必要はありません。むしろ同じネタのほうが、違う言い回しや言葉遣いを駆使する力がつきます。

③他者のコメントを参考にする

短文というと日記もいいですが、「会話の表現力を高める」という点からすると、他者に見られることを前提に書くＳＮＳやブログのほうが効果的です。

最初は他人のコメントが気になると思うので、コメント機能はオフにしても構いません。私もそうですが、内向型は、他人からのネガティブな評価に弱く、コメントによっては習慣が頓挫するかもしれません。その状況は防ぎましょう。なれてきたら、コメント機能をオンにして無料のフィードバックを参考にしてください。

表現力に自信が持てるようになったら、「ショートトーク」で会話練習です。

たとえば、エレベーターなどで誰かと一緒になったとき、普段は無言の時間を堪え忍んでいると思いますが、短い言葉を発する練習の場にするのです。

ルールは一つで、「簡単に同意してもらえることを話す」こと。もし答えにくい質問をしてしまうと、相手が考えてあっという間にエレベーターが目的階に着いて、相手の席で会話の延長戦が始まり、内向型にとって地獄の時間がスタートします。

もっとも無難な話題は天気ですが、「今日は寒いですね」だけでは芸がないので、

「今日は寒いですね。＋　寒くて昨日今年初めて湯船につかりましたよ」

のように、**「事象＋ひと言具体例」**で、実際やったことを言葉にします。意外にもぐっと身近で印象に残る話に変わっていきます。

やってみよう

表現力はスピーチや会話ではなく、短い文章を書くことでも、高めることができる。

3 「準備」で緊張知らずのプレゼン

死ぬほどプレゼンが嫌いだった私

プレゼンという言葉を初めて知ったのは、大学生のときでした。理系の大学で、4年次になると研究室に配属され、卒業研究を行い、その発表をするのですが、それが人生初のプレゼンでした。しかし、私は逃げ出してしまったのです。

実は、研究室に配属されてほどなくして、つまりプレゼンが行われる約1年前に、すでに逃げることを決めていたのです。

当時の私はマイナス思考で、「どうせ無理だ」と早々に諦め、心の中でそれを決定してしまいました。その結果、徐々に研究室に足を運ばなくなってしまったのです。

でもある日、そんな私を見かねた研究室の先生と面談することになり、

「プレゼンをしなくても卒業はできる。先生だって鬼じゃないんだからね」

というひと言で、プレゼンを経験することなく、卒業できることになりました。

内向型でもプレゼンは得意になるのか？

私はこれまでに何万人というあがり症で悩む人とお会いしてきましたが、**プレゼンと聞くだけで、不安でいっぱいになる人はたくさんいます。**

発表だけでなく、プレゼンを行うと決まった日から、プレゼンのことを考えるだけで憂鬱な気持ちになって、次第に心が病んで体調を崩してしまう人、「やっぱり無理」と他人にお願いする人、当日ドタキャンして会社を休む人、そうした人が少なくありません。

でも安心してください。

プレゼンをしないで大学を卒業した私でしたが、その後、プレゼンができるようになりました。今では私のプレゼンは、「分かりやすい」と評価してもらえることが多くなり、苦手意識も克服でき、自分らしさをアピールできる機会に変わりました。この経験をもとに、内向型がプレゼンに強くなる方法をお伝えしていきます。

ちなみに、昔からよく、「人をかぼちゃと思え」や「人という字を手に書いて飲み込め」と言いますが、私の経験からいうと、こうした「おまじない」では緊張感を和らげることも、自信をつけることもできません。

内向型には、やはり内向型にあった やり方が必要です。

発表の不安を克服する自信構築術

内向型のプレゼンでは、資料の準備が重要です。資料は、相手にとってどう見えるか、その見やすさが大切です。常に自問自答を繰り返す性格の内向型は、それが生きてくる場面です。「こう書いたら、相手にどう思われるか」という視点で作りこんでいくことで、**聞き手の声を反映したような資料を準備する**ことができます。

準備が完了したら、発表です。発表も「事前準備」でのりきります。発表は「自分が伝える気持ち」を強く持つことが必要です。その気持ちがないと、「自分がどう見られているか」が気になり、緊張しやすくなるからです。また、声が小さく、自信がなさそうな姿勢や話し方では、せっかく内容がよくても、それだけで説得力がなくなってしまいます。

では、どのようにして説得力のある話し方ができるようになるのか、それは、

○発声を鍛える
○本番に近いシチュエーションで練習する

この二つが大きなポイントになります。

1．発声を鍛える

緊張すると震えてきます。特に声が震えてきますが、その主な原因は筋肉（特に上半身）が硬直していること、息が浅くて速いことです。この状況に対応するために、私のセミナーでは、以下のポイントで発声を鍛えるトレーニングをしています。

①上半身の力を抜く

緊張すると、上半身、特に肩や首・喉のあたりがキュッと縮こまって硬くなってきます。これを解消するために、一度もうこれ以上あがらないというぐらい肩を上げて

から、ストンと肩を落とします。ゆっくり5秒ぐらいかけて肩を上げてから落とすことを繰り返すと、段々肩まわりの上半身の力が抜けていきます。

②姿勢をよくする

緊張すると姿勢が悪く猫背のようになり、視線も下がってきます。そうすると、深い呼吸ができません。浅い呼吸だと、声は震えてきます。まずは深い呼吸ができる体勢にします。

具体的には、壁立ち姿勢のように、かかと・おしり・肩甲骨・後頭部まで一直線の姿勢になり、そして視線を上げて部屋の一番遠く（後ろ）の壁を見るようにします。イメージは動物のキリンで、首をスっと伸ばします。そうすると、緊張して縮こまっていた喉まわりの筋肉は伸び、呼吸が楽にできる姿勢が整ってきます。

③深い呼吸をする

いわゆる腹式呼吸をしますが、そのときに意識するのが丹田《たんでん》という場所です。丹田は、おへその5センチ下ぐらいにあります。なれないうちは、丹田に手を当てます。

丹田を押し込めながら口から息を吐きます。吐く目標は遠くのほう、部屋の一番後ろのほうを目標にします。もう吐けないとなるまで、息を吐き切ります。吐き切って、お腹と背中がくっつくイメージまで凹ませます。ここをサボらないことが大切です。この「お腹を凹ませる力」が強いと震えない声が出るようになります。息は吐き切れば吐き切るほど、お腹を凹ませる力が強くなります。

息を吐き切ったら、吸うときはお腹の力をゆるめて、鼻から深く息を吸います。そのときは丹田めがけて深く息を吸い込みます。下腹（丹田のあたり）を風船のように膨らますイメージです。

これを繰り返します。初めのうちは意識しながらでないとできないので、しっかり意識しながら腹式呼吸を練習し、体に覚えさせていきます。

④口を正しく開けて発声する

腹式呼吸はそのままで、声を出していきます。日本語は、母音の口の形がとても大切です。緊張すると口の形が小さくなって発声しにくくなり、相手が聞きとりにくくなるので、しっかり口の形を開けるようにします。

○あ…縦に指２本分ぐらい開ける
○い…口を横に引いて口角を上げますが、上の歯が８本以上見えるぐらい横に広げます。下の歯は見せないようにします。
○う…唇を前につきだします。
○え…「あ」と「い」の中間ぐらいです。笑顔に近い形です。
○お…口の中に縦に空洞ができる形です。

緊張したら、深くゆっくりした呼吸で緊張を解きます。発声練習をするときも、深く息をめいっぱい吸ってから、発声する練習をします。たくさん吸って、たくさん吐き出すトレーニングです。

声を大きく出す方法は大きく二つあります。一つは喉を絞る方法、もう一つがこの腹式呼吸で発声する方法です。

水まきのホースをイメージしてください。ホースの先をキュッと潰すと水の勢いが増します。喉を締めて大きな声が出るのも同じイメージです。カラオケで上を向きながらシャウトするようなときはこの発声になっています。

それに対して、単純に出す水の量を増やすのが、腹式呼吸です。出す空気の量を増やすことで、大きな声が出るようになります。

ただし、「腹式呼吸＝必ず大きな声」というわけではありません。吐く息の量を少なくしたり、勢いを弱めたりすることで、小さな声も出せます。腹式呼吸は、声の大きさをコントロールできるのです。

2. 本番に近いシチュエーションで練習する

①原稿を準備する

話す内容に自信がないと、不安が大きくなり、本番で緊張しやすくなります。できるだけ自分が納得できる原稿を準備します。

原稿は、一度は書きます。自分が言いたいことを整理するためです。

そして、最初に話す練習をするときは、原稿を見ないで話します。「あれ？　何話すんだっけな」となっても、すぐに原稿を見ないで、一度頭の中で考えて言葉を出す練習をします。そうすると、考えて話す力がついたり、自分として話しやすい言葉が見つかったりします。そしたらその話しやすい言葉に原稿を変えていきます。

コツとしては、原稿を書く時間よりも話す時間を長くして、話しやすい言葉遣いや言い回しを見つけることです。

②動画でチェックする

自分の発表する姿を動画に撮ります。自分の姿を見るのが嫌な人は多いと思います。私も最初は嫌でした。自分の姿を見るなんて、ましてや緊張しているところなど見たくもありませんでした。しかし、勇気を出して、画面を遠ざけながらいざ見てみると、自分が思っているほど緊張しているように見えないことが分かりました。「こんな感じで話している人、普通にいる」という感じでした。

私だけでなく、これをやった人はほぼ100%の人がそう思います。内向型はそれだけ自己否定感が体にこびりついています。この「自己否定感」は、発表の足かせになるので、確実にとり除いたほうがよいです。

それを手助けするのがこの動画チェックです。

ほかにも、他者からのフィードバックも有効です。

内向型は自己否定感が強いので、うまくいったように他人からは見えても、「緊張した」「まだまだ全然だめだ」という感想を自分では持ってしまいます。これを治せるのが、他人からの誉め言葉です。お世辞でなくても、自分が思っていた自分への評価よりもいい評価が、だいたいい返ってきます。そうすると、とても自信になります。

私は今もこれらを実践しています。あがることは、もうなくなりました。

内向型は、聞き手にとって分かりやすいプレゼン資料を作る力があります。物理的に話し方の自信をつければ、プレゼンは成功させることができます。

やってみよう

プレゼンは、事前準備で決める。
資料の作成、発声、リハで自信をつける。

4 「誠実さ」でどんな交渉にも勝つ

人を信頼できなくなる瞬間

職場では、社内調整や便宜を図ってもらうなど交渉の機会があります。

内向型は外向型と比べて口ベタなので、巧みな話術で交渉を成立させることは苦手です。そんな内向型が**交渉を成功させるには、「信頼関係の構築」が大事**です。そのために役立つのが、内向型ならではの誠実さです。

では、人はどんな人に誠実さを感じるのでしょうか。

いい話かと思っていたら、悪い話だった、という経験はありませんか？「悪い話かと思ったらいい話だった」という展開は喜ばしいですが、「いい話かと思っていたら悪い話だった」となると印象は悪くなりますよね。

私が、「こいつは信頼できないな」と思ったエピソードを紹介します。

大学時代、あがり症のため人との関係に距離を置いていたころ、ある日家に電話がかかってきました。出てみると、中学時代の同級生でした。

「久しぶり、よかったら一緒にご飯食べない？」

その彼とは、何度か遊んだことはあるけれども、とりわけ仲がよかったというわけでもありませんでした。でも、私は単純に、「そんな風に久々に会いたいと思ってくれるほど覚えていてくれたんだ。印象がよかったのかな」と思いながら、「どうしたの？」と聞くと、「久々に会って話したいんだ」というようなことを繰り返し言ってきました。「なんでだろう」という思いがかすかにありながらも、どこかそこまで会いたいと思われることに嬉しいような気持ちもあって、とりあえず誘いに乗って、最寄り駅のカフェレストランに行きました。

始めのうちは、和やかな雰囲気で中学時代と変わらないような印象で、思い出話や今どうしているかなどの話をしていました。1時間ほどたったころ、彼は「実は幸せになる方法があって」と、不穏な話をし始めました。

勧誘だったのです。私は全く興味がなかったので、断ると、「なんで?」と繰り返し聞いてきました。そんなやりとりが5~10分ぐらい続いたあとに、時間切れになったのか、「じゃあいいよ。でも覚えといてね」とようやく切り出され、その場は終わりました。

店を一緒に出た後、「お腹が痛いからトイレ行く」と彼は言ってトイレに行きましたが、その姿を見て、「幸せとは程遠いな、騙すようなことしたからむしろ罰が当たったんじゃない?」と思いました。

しかし、この出来事は、私が人生で初めて経験した人間不信といってもいいかもしれません。他人からの誘いを警戒するようになりました。いい話のようにみせかけて、最後は私にとって悪い話だったのです。最初の電話で「勧誘をしたい」と言わないあたり、彼にも、私にとってはいいと思われない話ということは自覚していたはずです。

そうやって、話の裏を隠し、話を持ちかける人は、信用できません。警戒心を持つようになったという意味では、いい社会勉強になったとはいえます。そう思うようにしました。

「透明性」が信頼関係を築くカギ

このエピソードから言えることは、**「相手にとって悪い面を隠して交渉をしようとする人に、誠実さを感じない」**ということです。だから私は、メリットだけでなく、あえてデメリットも伝えるようにしています。

メリットとデメリットのバランスは8：2ぐらいです。デメリットを伝えた際には、その後にフォローをします。この方法は、相手の立場を尊重し共感を持ちながら進めることができるため、特に内向型はやりやすいです。

会社で、新しい英会話アプリを開発したとしましょう。あなたはその販売担当です。上司に販売ゴーサインを出してもらうためのプレゼントークとしてどのような言い方が考えられるでしょうか。

たとえば、次のような言い方が考えられます。

「新しい英会話アプリを紹介します。

今までにないメリットとして、ＡＩ技術を活用したパーソナライズされた学習カリキュラムがあります。

一方、デメリットは、初期セットアップに少し時間がかかる点があります。しかしそれに関しては、私たちのサポートチームが、お客様が使用開始できるようになるまでしっかり責任を持ってサポートをします」

この流れで話すと警戒されにくく、安心して判断してもらえます。私も、講座紹介時にはメリット・デメリットを伝え、最終的な選択は生徒さんにお任せしています。それができるのは、各講座に自信があるからです。大事なのは中身と信頼関係です。

こちらから一方的に「お願いします」「こんないいことがあるんです」とだけ伝えても、思い通りに相手が動いてくれることは稀です。たとえ一時的に思い通りに事が運んだとしても、それが長続きすることは少ないでしょう。

相手の視点に立ち、デメリットを含めた情報を伝えることで、信頼関係を築きつつ、交渉を進めていくことが大切です。

やってみよう

巧みな会話術で丸めこもうとせず、デメリットをきちんと明かして、信頼を得る。

5 「気配り力」で会議を支配する

ファシリテーターにとって一番大切なこと

「会議」と聞くと、あなたはどんなイメージを持つでしょうか？

「長引く」「同じ内容が繰り返される」「なかなか結論が出ない」「意見が出しにくい」「一部の人だけが主張を強く言う」、こういった**不毛な会議に疲れ果てた経験**は、多くの人にとって一度や二度ではないでしょう。実際、これは多くの職場でよく見られる風景です。

私は内向型なので、さらに人一倍、会議に対する嫌悪感を抱いていました。

新卒3年目の頃、システムの運用保守を担当し、毎日、夕方の定例の会議に出席していました。報告する事項がある場合は、先輩や上司も会議に出席しますが、報告事項が特にない日は私ひとりが出席していました。

そのときに、「特にありません」とひと言発する必要があったのですが、そのひと言を言うだけでも、会議が始まる前から緊張で心臓がドキドキしていました。順番が回ってくると声が上ずって、「特にありません」という言葉が上手く言えなかったこともよくあり、そのことだけで落ち込んでいたものです。

そんな私にとって、会議の進行役は、ことさら困難な役割に見えていました。時間を守ること、議題を整理し維持すること、そして何よりも参加者全員から意見を引き出し、生産的な議論を促進すること。これらはすべて、たったひと言発するだけで手いっぱいだった私にとって、遥か彼方のスキルのように感じられました。

会議の進行役は、「ファシリテーター」と呼ばれることが多くなりました。最初は単にＩＴ業界お得意の横文字だと考えていましたが、ファシリテーターの真の意味を知り、見方が変わりました。

語源である「ファシリテーション」には、「容易化」や「促進」という意味が含まれています。これは、単に会議を進行するだけでなく、会議に参加する人たちが何かをしやすくすること、たとえば発言をしやすくする、話し合いをスムーズに進めやすくするといった意味があります。

一見すると、外向型に向いた役割と感じますが、その本質的な役割を考えると、実は**内向型にも向いている**側面があります。

私がそれを実感したのは、自らの主張を抑えたファシリテーターのほうが、会議が順調に進むことを目の当たりにしたからです。

話している人の話をさえぎらずに最後までしっかり聞く、最後に結論を出すために必要な情報を確実にキャッチする、一人ひとりの意見や感じたこと、考えていることを尊重し、それを全体の意見としてまとめ上げる……、このようなファシリテーターの役割は、そのまま内向型の特徴である聞き手としてのスキルが役立つのです。

内向型が会議で発揮できる「気配り力」

私はあるときから、会議のファシリテーターを務めるようになったのですが、その経験から、「単なる出席者よりも、ファシリテーション役のほうが心理的に楽だ」と感じるようになりました。自分のペースで会議を進めることができるからです。

出席者は「いつ順番が回ってくるか分からない」「話すべきときを待つ」という受け身なのに対して、ファシリテーターは自ら進めることができるので、内向的な性格であっても緊張が少なくなると気づきました。

ここでファシリテーションのポイントを整理します。

ファシリテーションのミッションとは、「会議をスムーズに進行すること」です。そのために、「①自己の主張は控える」「②参加者の話を聞く（聞きだす）」「③結論に導く」という役割を担います。

会議では「聞き役」に徹して、参加者の意見を全部吸い上げる

このうち、①と②は内向型にとって自然と力を発揮しやすい強みです。

一方、「③結論に導く」はハードルが高いと感じるのではないでしょうか。内向型は、「全員の意見を尊重したい」と考えるので、「結論に導く」中で誰かの意見を採用しないことに苦手意識を抱いてしまうからです。

しかし、実際には、「②参加者の話を聞く（聞きだす）」ことができれば、結論に半ば到達しているも同然です。全員が言いたいことを言い尽くした状態になっていれば、誰もが納得のいく結論にたどり着いたようなものだからです。

ファシリテーターは、**参加者一人ひとりの意見を引き出すことにまずは専念する。**話を振れば、参加者は必ず応えてくれます。意見を述べることに比べれば、内向型にとってはとり組みやすいことではないでしょうか。

全員が自由に意見を出しやすい雰囲気を作り出し、意見を出し合えば、自然と結論に向かって進んでいきます。

最終的に意見が分かれた場合は、多数決で案を採用します。このとき、反対意見の懸念があれば、改善策として検討する余地をもたせます。すると、みんなの考えを尊重しつつ、会議参加者全員が結論に納得しやすくなります。

くれぐれも、黙って参加している人がいないように、また、「言いたいことがあったけれど言い出せなかった」という人が出ないように、気配りをもって全員の話を引き出すようにしていきます。

会議の参加者としての振る舞い

ここまでファシリテーションの話をしてきましたが、今度は参加者としての立ち居振る舞いをお話しします。あえて、ファシリテーターの後にお話しするのは、ファシリテーターの役割を知り会議全体の流れを理解したうえで、参加者としての役割の理解が深まるからです。

内向型が参加者として一番気をつけることは、「発言」です。会議で積極的に発言できない人も多いと思いますが、私は次の3つを実践することで「発言の苦労」を克服しました。

①ファシリテーターの近くに座る

席順が決まっていないときに限定されますが、会議を進行するファシリテーターの近くに座ると、ファシリテーターと1対1で会話するような感覚で発言することができます。遠い位置にいると、その間にいる人たち全員に対して話している感覚になり、とても話しづらくなります。円卓であれば対面よりも隣にいること、スクール形式であれば一番前の方に座るようにしています。

そのためには、会議の場にほかの人より先に到着していることが大切です。

②発言する本来の目的に目を向ける

発言するときは、発言する目的のことだけを考えます。本当は言いたいことや質問したいことがあるけど言い出しにくい人は、周りの人の目線が気になるからです。周りの人の目線よりも、発言する本来の目的に集中するトレーニングと思って伝えることにフォーカスします。

意識がウロウロするときは、紙に「こういうことを聞きたい、知りたい」「こういうことを言いたい」という発言の本来の目的を書き出して、それを見ながら、その対象の個人に伝えることに集中します。

③事前に話しておく

会議が始まる前に、早めに会議室に入って、できるだけその場にいる人と話をしておくと、その会議にアウェイでなくホーム感を持て話しやすくなります。1対1の会話でも効果があります。

黙って始まるのを待ってドキドキするよりはマシという気持ちで、私は周りの人と言葉を交わして会議の始まりを待つようにしています。

「会議」と聞くと、冒頭に示したよくないイメージを持つ人も多いと思いますが、うまく立ち回ることができれば、多くの人と一度にコミュニケーションがとれるというよさもあります。

大勢の人の中だと内向型は、気後れする場面もあると思いますが、今回お伝えした方法を活用すれば、会議を確実に味方にすることができます。

やってみよう

会議では、参加者の話をすべて聞きだし、
誰もが納得する方向に誘導する。

6 「共感力」で怒った人を丸め込む

一つの〝お怒り〟が教えてくれたこと

学生時代、スーパーの青果コーナーでバイトをしていたときのことです。売り場で品出しをしていたら、お客様から声をかけられ、

「この前買ったイチゴが腐っていたよ」

と言われたのです。その瞬間、私は心臓がドキッとするのを感じました。

当然、お客様は怖い顔をされていましたが、買った商品が腐っていたことを知ったときのショックと怒りの感情はとても理解できました。そのため、反射的に「申し訳ご

ざいません。お持ち頂ければ、すぐに交換いたします」と答えたことを覚えています。そのとき、お客様は購入された商品をお持ちでなく、それ以上何も言われることなくその場を去られました。お客様が後日商品をお持ちになったかどうかは不明です。

記憶にないことでクレームを受けるのは、ある意味で自分の行動に直接不満を指摘されるよりも厳しいと感じました。もちろん、私が並べたイチゴである可能性もありますが、ほかの誰かが品出ししたものかもしれません。

しかし、「申し訳ありません、私が陳列したイチゴかどうかは分かりませんが……」と言い訳や責任逃れのようなことを言ってしまっていたら、それがお客様の怒りをさらに買っていたことでしょう。

商品に問題があった場合の対処方法は教わっていましたが、実際にその場面に直面したときに適切に行動できるかどうかというと、なかなか難しいものです。当時の私は極度のあがり症で、内向的な性格だったため（バイトはその克服を目的として始めました）、私の性格が幸いして、余計なひと言を言わないですぐに謝ることができたから、それ以上自体が悪化しないで済んだと思っています。

その後、長い社会人経験を経て、今では教室に通う生徒さんたちの意見を日常的に聞くようになりました。

共感と行動で、怒りを鎮める

私が経験から学んだ「怒っている人」に対応する方法は、次のステップを踏むことです。

①まずは謝罪する

まずは謝ります。本当のことを伝えたい気持ち、釈明したい気持ち、言い返したい気持ちはサッとしまっておいて、とにかく無心になって謝ります。怒っているときというのは、頭に血がのぼっていて他人の話をまともに聞ける状態ではありません。そんな状態では、たとえ真実だとしても聞く耳は持ってもらえず、無駄な労力になるだけです。

②共感ワードを交えて、相手の話を聞く

謝ったら、相手の話に耳を傾けます。一旦謝り、話を聞くことで、きちんと相手の話を受け止めているというメッセージを伝えることができます。聞くときは共感を示す共感ワードを使います。「おっしゃるとおりです」「よく分かります」などを私はよく使います。気配り力がある内向型なら自然にできると思います。

③相手の望む対処を探る

相手の立場に立って、どのような解決策が最も適切かを考えながら話を聞きます。相手が怒りを感じているのは、ただ単に不快だからではなく、実際に困っているからです。なので、共感するだけでは、相手は満足しません。

先ほどの不良品の話でいえば、一方的に「交換します、返品どうぞ、返金します」と杓子定規に回答しても、さらに怒らすだけです。話を聞いても要点を得ない場合は、相手の語調が収まってきたところで、「どのような対処をお望みでしょうか」と具体的に質問するのも手段です。

この姿勢を示すことで、不思議と自分自身の緊張もほぐれ始めます。

怒った人には、「聞く→共感」で怒りを鎮める

どのように対処するかが決まったら、可能ならばその場で実行します。しかし、それができない場合には、問題を持ち帰って上司に報告します。その場合はお決まりのフレーズですが、「責任者に報告した後、改めてご連絡いたしますので、少々お待ち頂けますでしょうか」と今後の対処を伝えましょう。

すべての対応を終えたら、最後にもう一度、謝罪するとより気持ちが伝わります。

クレームを聞いた結果、答えがでないまま終わることもあると思います。相手はクレームを言ったことで行き場のなかった怒りが収まり、ひとまず解決したというパターンです。でも、そんなときでも、どんなクレームがあって、今後

同じクレームを受けないためにはどうすればいいかを考えておくことは大切です。私の教室や講座でも、「もっと発言したかった」「もっとアドバイスが欲しかった」といったご意見を頂くことがあります。これらは、今後の改善の機会ともなります。次回以降その要望に応えることで、生徒さんに満足してもらい、信頼関係を構築できると考え、真摯に受け止め改善へつなげています。

内向型にとって一方的に受けるクレームはつらいものがありますが、過度に恐れることなく、冷静にお客様の立場に寄り添って話を聞けば、自ずと解決策は見えてくるものです。

やってみよう

怒った人には、1に謝罪、2に共感、そして3に解決策のステップで対処する。

7 「謙虚さ」で言いにくいことを言う

「自分と相手の気持ち」、両方を大切にする

「お察しします。しかし。しかし、あなたは死ぬべきではない。たとえすべてを失ったとしても、我々は生き続けるべきです」

これは刑事ドラマ「古畑任三郎　第3シーズン　第5話」で、自殺しようとする犯人に主人公・古畑任三郎が発した言葉です。

このセリフは「アサーション」の好例です。**アサーションとは、自分の気持ちを大**

切にしながら、相手の気持ちも大切にすることです。

古畑任三郎は、最初に相手の感情を認め、次に自分の意見や価値を明確に表現しました。これにより、危機的な状況でも冷静に対話を保ち、相手に対して効果的にコミュニケーションをとることができたのです。

場面をビジネスシーンに移します。

「自分だけ仕事量が多いんじゃないか？」と感じたとき、あなたはどうしますか？

何も言わずに耐えることは美徳のようで、自分の気持ちを大切にしていません。「どうして私にこんなに多くの仕事を振るのですか？」と言うだけでは、相手の気持ちをおもんばかっていません。

「最近、仕事の量が増えて少々疲れを感じています。期待して頂いているのは大変嬉しいのですが、仕事の分担について再検討頂くことは可能でしょうか？」

これがアサーションです。自分の気持ちを謙虚に話し、相手の気持ち（立場）を尊重した言い回しです。この話し方なら、感情的にならずに話し合いが可能です。

アサーションのカギは「謙虚さ」

内向型な人は、社交的な場が苦手です。でも、いつも消極的で、自分の意見や感情を表現しないままでいては、チャンスや経験を逃すことになります。そこでアサーションが役立ちます。

アサーションに大切な**「謙虚な気持ち」は、内向型の得意分野**です。「謙虚さを持って話せばいい」と思うことで、内向型も自己主張がしやすくなり、より多くの人と良好な関係を築くことができるのです。

私は、高い椅子に座るのがとても苦手です。30代半ばから、三半規管が弱くなったのか、よく平衡感覚を失ってめまいを感じるようになりました。特に、高い椅子に座っていると頭を打つのでは、と心配になります。

飲み屋などに行くと、高さのある椅子しかない店がありますが、そういうお店が苦手で、自分がお店を選べるときは外していました。

隣の家も庭もウチとは違う。けどそれがいい。

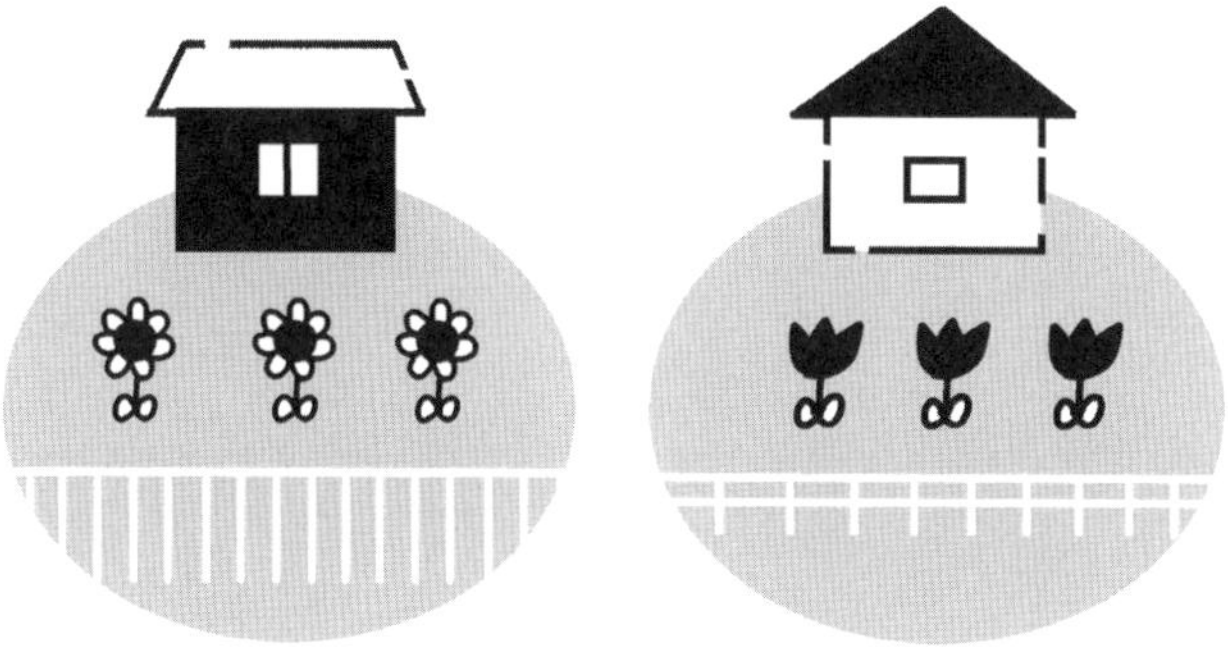

でも、あるとき、以前の会社の同期から、「久々にご飯でも一緒にどう？」と誘いがありました。「どんな店がいい？」と希望を聞かれたので、「料理はお任せだけど、もし可能であれば、椅子が苦手なので、座敷や掘りごたつが希望です！」と返しました。

「料理はお任せ」と「もし可能であれば」が謙虚さを伝える言葉です。さらに、同期であっても、「です」という丁寧語を使っているのも、謙虚さの一つです。

「変わったリクエストだね」とでも言われるかなと思いきや、思わぬ言葉が返ってきました。「あら、これは初めて聞いたな。いいね、そういうの言ってくれるの助かります！」

その返事で、気持ちが楽になり、自分の居場所もまた増えた気がしました。**謙虚な気持ちを表しつつ自己主張をして、それまでよりももっと良好な関係になれた**と感じた、一つの体験でした。

自分の気持ちを先に表現するか、相手の気持ちを先に尊重するかは、場合によって使いわけます。相手が聞く姿勢になっているなら、先に自分の気持ちを謙虚に表明します。立場や感情を理解してもらいやすくなります。

そうではなくて、相手がすでに感情的になって、話を聞く状態にないなら、最初に相手の感情やニーズを認めることが効果的です。どちらか分からない場合は、先に相手を尊重するのが無難です。

アサーションで、相互理解を促進し、よりよい関係と結果を生み出せます。

やってみよう

自分の意見を尊重し、相手の感情にも配慮する。「謙虚さ」があれば、どんな自己主張もできる。

8 「いい質問」で情報を引き出す

「質問」は内向型の武器だ

自分ひとりで何でも問題を解決しようとする傾向はありませんか。また、質問をすることをためらったり無知と見られるのを恐れていたりしませんか。

内向型にとって、質問は「挑戦」です。でも内向型の気配りや観察力があれば、いい質問ができます。いい質問とは、回答者が話をしたくなるような質問のことです。

私はあがり症だったので、質問をしたいことがあってもドキドキしてなかなか質問することができませんでした。質問することは大きな「挑戦」という書き方をしましたが、私自身本当にそのように感じていました。

思い切って質問しても、相手が答えている間、「この答えは自分に対してしてくれているんだ」と思うと、大勢の中で自分が注目されているような気がして、そんなことでも緊張していました。

そんな感じで質問を避けていましたが、あるときから、積極的に質問できるようになりました。それは、質問を「あがり症克服のためのトレーニング」と位置づけてからです。

そこから気づいたのは、**質問できていなかったのは、「聞きたいことを聞く」という本来の目的に集中できていなかったから**ということです。

あがらずに話すための方法はプレゼンの項でお伝えしていますが、ここでは、私が見つけた質問のコツ、そして講師という立場になると質問を受ける側になりますが、それらの経験を踏まえていい質問をするためのコツをいくつかお伝えします。

いい質問の3つのコツ

①まずは聞きたいことを一つに絞る

「三点質問があります。一つ目は……、二つ目は……」という質問の仕方をよくすすめられますが、質問になれている人にはできますが、そうでない人には難しいです。

質問なれしていない人は、まずは一度の質問で聞くことは一つにすること。その理由は単純に、質問のハードルを下げるためです。

私は講師になって質問をよく受けるようになりましたが、たまに「三つあります。一つ目は……」方式で聞いてくる生徒さんがいます。

でも、そういう人は、三つ目を言い終えた段階で、やりきった感が満載。私が三つすべてに回答しても、本当に理解できているのか、不安になります。そうではなく、まずは一つの質問を口にすることに集中し、一問一答にする。1問目が終わった後にまだ余裕があるなら、2問目をするくらいの余裕を持っておくと、スムーズに質問できます。

②質問に気配りを含める

生徒さんに「どれぐらいの期間であがり症を克服できますか？」と聞かれることがあります。もちろん答えることはできますが、ちょっと答えづらい。もっと答えやすいと感じる質問のされ方があります。それは、

「人によって違うとは思いますが、どれぐらいの期間であがり症を克服できますか？」

という聞かれ方です。

後者のほうが、「回答者が答えづらい質問かも」という配慮が感じられ、それでも理解したいという意欲が伝わってくるからです。そうすると、会話が弾むように回答も弾みます。

質問者が回答者の立場を理解するようなひと言を気配りとして添えると、より多くの情報を聞きとれる可能性が高まるいい質問になるのです。

③模範解答よりも経験談を求める

人に質問をするときは、教科書的な回答を求めるよりも、「回答者なりの回答」を求

「普通の質問」より「個人的な質問」のほうが貴重な答えが返ってくる。

めるほうが、より深い情報を得やすいです。

たとえば、プレゼンの資料を見やすくしたいとき

「プレゼンの資料を見やすく作るにはどうしたらよいでしょうか？」

「○○さんのプレゼン資料はいつもとても見やすいです。何か工夫していることありますか？」

どちらで聞いたほうが、より雄弁に話したくなるでしょうか。

やはり後者です。一般的な質問をされると、一般的な回答を返しやすくなるものです。それよりも、「あなたの」とすることで、その人しか工夫していないようなやり方を知ることできるのです。内向型には周りの

人を観察する力があります。日頃の観察を活用して、質問の幅を広げましょう。

質問力を高めると、価値ある情報を入手できます。それだけでなく、あなたには「回答を得られた達成感」、相手には「聞いてくれた嬉しさ」「言いたいことが言えた満足感」がそれぞれ生まれ、いい関係の構築にも役立ちます。

やってみよう

質問は、相手が理解し、話しやすくなる聞き方をする。ポイントは、相手の思考を促すこと。

9 「1日3回の会話」で人間関係を築く

「会話の欠落」が招いた失敗

最初に勤めた会社は、ＯＪＴ（オン・ザ・ジョブ・トレーニング）を導入していました。今では一般的になりましたが、現場で上司や先輩と実際の仕事を一緒に行い、直接指導を受けながら必要な知識や技術を身につけるという教育手法です。

社会人5年目、新人が私の職場に配属され、私がＯＪＴ担当となりました。

新人のときの自分の経験を思い出し、忙しい中でも可能な限りサポートしようと心がけていました。しかし結局、彼は体調不良を理由に1カ月ほどで職場を去ることになりました。その兆候を、私はまったく感じとることができませんでした。

その後、上司から本当の理由を含みながら聞かされました。新人との会話の不足が大きな原因だったようです。

「そんなはずはない」と最初は思いましたが、振り返ると、私たちのコミュニケーションは主にメールやチャットでした。これは私の悪いクセで、**静かな職場で声をかけることに対する苦手意識があり、話すことを避けていた**のです。人が多くて賑やかな環境ならまだしも、シーンと静まり返った職場で話しをするのは私にとって大きな苦痛でした。

結局、私にとって楽なコミュニケーション手段は、彼にとっては苦痛だったというわけです。内向型の性格が悪いほうに影響しました。

この出来事は私にとって、大きなショックでした。内向型の自分は、もしかすると仲間へのサポートに適していないのではないか、外向型に比べて劣っているのではないかと不安に駆られました。

しかし、会社の方針として後進の育成は避けて通れません。この結果を受け入れ、次に活かさなくてはと焦りました。内向型という性格は集団行動において「控えめ」であることを意味しますが、それでもできることはないか、内向型として何かやり方はないかと考えるようになりました。

「1日3回話す」だけコミュニケーション

その後、新人ではないですが、若手の新しいメンバーが職場に加わり、また私がOJTを任されることになりました。

私は前回の失敗を踏まえ、新たな目標を立てました。

「1日3回会話をする（話しかける）」

終日会話をして明るい雰囲気を作ることは私にはできません。しかし、**「1日3回」ならできそうだ**と思いました。朝は挨拶や天気の話、昼は昼食の話やその日の困りご

「1日3回の会話」で人間関係をつくる

と、夕方は残業の有無や帰宅の予定など、大きな話題でなく、業務上よくある日常的な会話ならできると思ったのです。
具体的に次のような方法で、会話をしました。

①直接、会話する

小さな話題のやりとりはチャットでもできますが、敢えて直接の会話を選びました。

文字だけではなく、感情やニュアンスが伝わり、よりいいコミュニケーションになるからです。たとえ緊張して話が上手くできなくても、話しかける行為自体が相手に温かみを伝えます。

一方で、文字だけのやりとりは、ときに冷

たく感じられてしまいます。

②「決まった時間」に話しかける

とりあえず1日3回話すのではなく、決まった時間に話しかけます。

習慣化することで、相手もこちらのことを意識し、自分のために時間を割いてくれているという信頼が生まれます。

重要なのは「困ったときに気軽に話しかけられる存在」であることです。

やってみよう

最高のサポート役は、困ったときに頼れる存在。
1日3回話しかけるだけで、最高の関係を築ける。

第3章

静かな思考

「私の案に対する批判があるかもしれない」

「私の考えはほかの人にとって価値がないかもしれない」

自分の意見を言うときに、
心の中でこう考えることがあるでしょう。

でも、自分を落胆させるような言葉はもうやめましょう。

「他人からの批判や周りの空気を気にせず、
思い立ったらすぐに発言できる人って羨ましい」
そう感じているなら、
今度は自身の特徴を最大限に活かす方法を考えましょう。

内向型には、慎重に物事を考えたり、
深く洞察したりする強みがあり、
これらは課題解決においてとても役に立ちます。
もちろん、常に完璧な解決策を提案できるわけではありません。
大事なのは、課題解決に貢献できるように、
自分の潜在能力を発揮し続けることです。
「慎重に対応してくれた成果だね」
「そこまで深く考えてくれたのは君だけだよ」
そうやって内向型らしさを褒められると、
自分が内向型であることにますます自信を持てるようになります。

1「分析力」を磨く

データは「静かな強い声」になる

内向型の中には、データ整理のように「静かで集中を要する作業」が向いているとみなされて担当している人も少なくないと思います。でも、単純作業の繰り返しがメインの仕事に面白さを見いだせなかったり、本当はもっと高度な仕事をしたいと思っていたりする人もいるのではないでしょうか。

もちろん、データ整理は価値のある作業です。一般的な会社でいえば、会社の売上データや市場調査の結果など、企業の意思決定プロセスを大きく左右し、成長や進化を促進するためのカギともなり得ます。

静かで集中を要する作業は、新しい出会いや刺激を求める外向型にとっては、我慢できずに続けられるものではないでしょう。

つまり、**そのような作業ができる性質は、それだけで強み**といえるのです。

ただし、単純作業だけでは、キャリアアップは難しいことも確かです。キャリアアップをしたいなら、一歩進んだ分析のスキルを身につけ、会社への貢献を高めることが重要です。

データ整理に関して、一つエピソードを紹介します。

私は、あがり症克服協会の中で多くの講座を担当しています。どのくらい多くの講座を担当しているかというと、「まるで猫の手もタコの手も借りたいと思うほど多くの講座を担当」しています。

というと、どれくらい忙しいのかよく分からないと思います。

「データ整理の人」から「データ分析もする人」へ変わる

では、回答を言い直してみます。

「昨年は年間で１７２コマの講座を担当しました。この数は、ほかの講師全員が担当した講座の合計数１５２コマを上回る数字です」

最初の説明に比べて、どうでしょうか？「猫やタコ」の回答に比べて、私の担当講座がほかの講師よりいかに多いか、よく伝わったのではないでしょうか。

データ（講演回数）を整理し、さらにその結果に分析（他講師との比較）を追加することで、説得力のあるストーリーにできました。

こうした説明ができれば、たとえば私がいまの業務を負担に感じているなら、「猫の手もタコの手も借りたいほど忙しいので、各講師にできることは作業を分担してもらいたいと思っています」

と言うかわりに、

「私は、ほかの講師全員の合計講座数を超える数の講座を担当する状況になってきましたので、各講師にできることは作業を分担してもらいたいと思っています」

と話を切り出すほうが、より状況の共通認識を持ってもらいやすくなります。

このように、**データに強いことは、声を上げるのが苦手な内向型を救う「静かな強い声」**となります。そこに一つの面白さや痛快さがあります。

「データ整理」から「データ分析」へ

では、具体的にデータ整理に面白さを見いだし、そこからさらに分析力を身につけていくにはどうすればよいか。私が実践する方法をステップでお伝えします。

①「データ整理ができる」という強みの認識

「データ整理なんか誰でもできる」

と思うかもしれませんが、先ほど指摘した通り、静かな環境で集中力を持続できる人は限られています。この事実を再認識し、自分がそれを実行できることを誇りに思い、認めることから始めましょう。

「こんな作業しかできない」と自分を否定せずに受け入れる。実際に「こんな作業もできない人」というのは意外に多くいます。外向型でこうした作業が苦手だけど、ほかの部分で輝いた能力があるから、それが隠れて見えなくなっているだけの人はよくいます。典型的なのは、そうした人が管理職になったとき、「管理」ができずにつまずいてしまうケースです。

これから仕事を前進していくための重要なスタートラインとなります。

②目的を意識して数字の意味を理解する

データがどう活用されるかを知ることで、作業の面白さを見いだします。

たとえば、私は毎月、あがり症克服協会の公式ＬＩＮＥ登録数、メール問合せ数、メールセミナー登録数、講座申し込み数などのデータを整理しています。大変地味な作業です。しかし、これらの数字を毎月蓄えることで、いつ頃ニーズが高まるのか、または閑散期になるかの予想ができます。

そうすると、特別講座の開講やイベントの開催時期を検討できます。つまり、データ整理の目的は、講座のスケジュールを立てるためなのです。ただの数字なんだけど、「4月より5月のほうが多いとは意外」「6月は結婚式があるからもっと多い数字であってほしいな」ということが分かるようになってきます。すると、感情移入しながらデータを見られるようになってきます。

③情報分析は1対1の比較から

データ整理の結果を一番早く見られるのは、データ整理をした人です。この特権を利用して、自分なりの分析をすることで、分析力を高めることができます。最初にすべき分析は、どんなデータであっても「1対1の比較」です。特に、明らかに違う（変化のある）数字を比べることです。

たとえば、かつて「講座申し込み数が8月は少ないのに、9月になると大きく増えた」ことがありました。「なぜここでこんなに変わるのか」と考えてみました。

「8月は夏休みがあって、土日も家族との時間を優先する人が多いため、講座申し込みが減少しているのでは？」という可能性を考えました。

一方、「9月は新学期や新しい仕事のサイクルが始まるため、人前での発表に向けた対策をしなければという気持ちから講座への関心が増える」と考えました。私は社会人になるまで、「休むときは休む、やるときはやる」という考えで生きてきたことに加えて、あがり症の人は、ギリギリになるまでやらない、考えないという傾向の人が多かったので、こう考えました。

このように、**比較して差異を見いだし、一呼吸置いて考えるだけで、数字の裏に隠れた情報**が見えてきます。するとそれに対し戦略を練り、先手を打つことができます。これがデータ整理、分析で得られるメリットです。

分析ができたら、データを上司などに伝える際に、自分の分析をコメントとして簡単に添えます。分析が正確であればもちろん言うことはありませんが、もし誤っていたとしても、意識が高い、意欲があると評価されます。この姿勢をとり続けることができれば、分析などのより高度な業務を任されるチャンスにもつながります。

データ整理は地味な作業ですが、正確なデータを提供するためには、慎重さと集中力が必要です。これは内向型にとって特に特徴を生かせる作業です。そのうえで、分析を加える習慣を持つことで、業務への貢献と自分自身のキャリアアップにつなげることができます。

やってみよう

データ整理をコツコツできる力を「分析」にも活かし、ほかの人が気づかないことを発見する。

2 「すぐ動けない自分」を仮説で動かす

抑えられない緊張感との戦い

内向型は、一つの問題に対して、じっくりと考え、解決策を考えるのが得意です。

でも、問題に対して原因が見つからず、時間だけがすぎ、「解決に向けて一向に進んでいない…」ということはないでしょうか。実はこれも内向型にはよくあること。深く考える性質が逆効果になっているのです。

「問題発見→原因究明→原因解決」が問題解決の基本の流れですが、「原因究明」でつまずいている状態です。こういう**原因がはっきり分からないときは、仮説が役に立ち**

ます。

その方法を、私の体験談をベースにお伝えしていきます。

私は37歳のときに1回目の転職をしました。「SE（システムエンジニア）35歳定年説」といわれる中で、なかなかのチャレンジでした。仲間内でも「思い切ったね！」と言われたものです。

転職先は、メーカーで、前職とは違って朝礼という儀式がありました。一人ひとり前に出て、数分間、チームの状況を報告するという内容です。

あがり症なので、「できれば逃げたい」と思いましたが、転職するときに「人前が苦手であがり症です」というネガティブな話は当然していません。「きっと大丈夫」と自分に言い聞かせて当日を迎えました。

「きっと大丈夫」というのはまったく根拠がなかったわけではなく、知っている人たちよりも知らない人たちの前で話をするほうが「まだあがらない」という特徴が自分にはあったのです。

しかし、現実は甘くありません。20～30人がいました。話し始めて10秒ぐらいしたら、体の中に想像以上の緊張がめぐってきました。心拍数があがり、次第に呼吸が苦しく、手や足が震えてきました。

声も震えてうまく話せなくなってきたので、一旦紙を下におろして「すみません、緊張してます」と言ったところ、みなさんが少し笑ってくれた様子が見えてホッとしました。しかしその反応で、「私の緊張が気づかれている」という思いもありました。

再開しましたが、すぐに手足や声が震えました

見かねた上司が隣に近づいてきて、その場は打ち切られました。言葉は発しないながらも温かい表情で「大丈夫か」と気遣ってくれているのが伝わってきました。

席に戻ると「大丈夫だよ」と優しい言葉を周りの人はかけてくれました。嬉しかったのですが、やはりトラウマになってしまい、その後、何かと理由をつけて朝礼を避けるようになりました。

朝礼を避け続ける日々の中、あがり症克服協会に出会いました。

おかげで会議やプレゼンなどで少しずつ話せるようになりました。ただ**朝礼やその**

フロアの人の前での発表は依然怖くて、高いハードルを感じでいました。

入社から6年後、退職することになりました。

部署には、退職時に部員全員およそ100人の前で挨拶するという通例があり、とても不安でした。その頃には、朝礼にもなんとか参加していたものの、100人以上の前というと、あの日の記憶が蘇ってきました。「そんなことがあるなら退職するのをやめようか」という気さえ一瞬起きました。

しかし、そのときの私に逃げる選択肢はありません。逃げればまたあがり症時代に戻る、「もうあの頃には戻りたくない」という強い思いがありました。

「仮説」で自分を動かし、課題を解決

このときの対策で効果を発揮したのが「仮説検証」という方法です。原因ははっきり分からなくても、仮説から解決に近づく方法です。順を追って説明します。

あがり症や緊張はなかなか奥が深いもので、克服したと思っても油断しているとまた次の機会ではすごく緊張してきたとか、そういう波があるものです。

私があがり症克服教室の生徒時代にも、前回参加したレッスンではそれほど緊張を感じなかったのに、今回参加しているレッスンでは前回よりもなぜか緊張することは普通にありました。

そのときに私は、次は緊張しないために、**仮説を立てる**ようにしていました。

たとえば、前より緊張したのは、「時間ギリギリに教室についたため気持ちの奥底で余裕を持てていなかったから」といった仮説を立てます。

その仮説を検証するために、次のレッスンでは、誰よりも早く教室に着いて後からきた人に「こんにちは」「緊張しますね」と挨拶するようにしました。

これは、教室で教えられていたあがり克服メソッドの一つでもありました。早めに着いて周りの人と話しておくと、その場がホームに思えてきて緊張しにくくなるというものです。

しかし、内向型にとっては、それさえもハードルが高く感じます。

ただ、「もう二度とあがり症で苦しみたくない」という強い気持ちを頼りに、声をかけていました。同じ悩みを持つ人同士なので、声をかける緊張もきっと分かってもらえるのでは、という思いもありました。

この甲斐あってか、その回は、前回よりも緊張せずに終えることができました。仮説検証が成功したわけです。

「緊張した原因はなんだろう？」と頭の中で深く悩み続けても、答えが出ないときは出ません。しかし、**仮説検証で考えながら動けば一歩ずつでも問題解決へと近づくことができます。**

あがらずに話せる場面が増えたのに、なぜ転職一発目の朝礼をしたフロアでは緊張しやすいのか。その原因は何か、私は「自分が心をオープンにしていないから」という仮説を立ててみました。

その解決策として、退職の挨拶の前に、一人ひとりの席を回って、これまでの感謝を伝えたり、自分のことをオープンに話してみたりしました。「次の仕事は何？」「この後は、あがり症克服協会というところで働きます」という会話も生まれるのですが、そこで、「あがり症だった」ことを自らオープンにしました。一人ひとりと話すうちに、それまで感じたことのない居心地のよさを感じるようになりました。最後の最後で、そのフロアのひとたちとの距離がグッと縮まる感じがしたのです。

ほどなくして、退職挨拶の時間です。自分でも驚くほど緊張せずに3分間ほど挨拶ができました。

終わったあと、「今まで見てきた退職スピーチで一番よかったよ!」「私もその教室行ってみようかな」などと声をかけてもらえました。「自分が心をオープンにしていないから、緊張するんだ」という仮説が立証された瞬間でした。

「仮説」で行動するための4つのポイント

内向型は、実行に移す前にたくさん情報を集めすぎて、むしろ動けなくなってしまうことはよくあります。

仮説検証は内向型にこそおすすめで、課題をスピーディに解決するための方法です。そのステップを整理すると次のようになります。

①「課題」を特定する

まずは直面する課題を具体的に特定します。今回の例では、「あがり症」や「緊張」が課題でした。

③原因の「仮説」を立てる

次に、課題に対する仮説を立てます。これは、原因や解決策の推測です。想像でいいです。前述の私の例では、「時間ギリギリに教室についたため、緊張が増した」「心をオープンにしていなかったから、緊張が強く出た」というような仮説です。この時点で根拠は必要ありません。

③「仮説」を検証する

実際に行動を起こして、仮説が正しいかどうかを検証します。仮説に基づいて、以

仮説で「考えすぎて動けない」から抜け出す。

前とは異なるアプローチを試みます。

たとえば、「より早めに教室に到着してリラックスする時間を持つ」、「発表前に多くの聞き手と話す」などを試してみます。

行動に不安や怖さを感じるかもしれません。でもそれは自然なこと。できるだけリスクが低いと感じる仮説から検証します。たとえば私は、教室の一つのレッスンとして、不安が小さい場面で検証を始めました。

④「仕組み化」する

仮説検証を振り返ります。仮説が正しかったなら、それを将来的な行動パターンにします（私は今でも発表前は会場に早めに着き、聞き手の人とよく話します）。仮説が誤っていた場合は、新たな仮説を立てて再度試してみます。

仮説検証は、原因にこだわりすぎて立ち止まってしまう内向型が、前に進むのを手助けしてくれます。このスキルを使うことで、止まっていた自分を動かすきっかけになり、どんな課題でも着実に解決へと進めることができます。

やってみよう

原因が分からないとき、自分なりの仮説を立て、リスクが低いことから仮説検証を始める。

3「不安と感情」に向き合い、決断する

「決断したい」けど、不安だからできない

物事を決断する瞬間、

「本当にこれでいいのだろうか」

と自信を失ってしまったことはないでしょうか。

内向型は、内省的な性格なので、自分の判断に疑問を持つクセがあります。また、あれもこれもと思考をめぐらすクセがあるので、潜在的なリスクが頭をよぎるために起こることです。

でも、その深く考えるクセを利用して、**自分の「不安や感情」ときちんと向き合うことができれば、内向型は誰よりも最善の選択をすることが可能**です。

私は転職を2度経験していますが、特に初めての転職時は、決断する瞬間に何回も「やっぱりこれでいいのだろうか」と考えました。

入社3年目頃から断続的に転職活動をしていましたが、実際には「まだいいか」「まぁいいか」と結局、入社12年目にやっと転職先が決まりました。

やっと内定したものの、やっぱり転職はやめようかと思いました。現職に迷惑はかけたくないし、「あと1カ月余りでまったく新しい環境に飛び込むのは不安」という気持ちがありました。

結局、業務の引継ぎを理由に、3カ月後の入社にしました。ありがたいことでした。

しかし、別の問題が発生します。転職日が近づくにつれ、新しい進路に対する不安が増えてきたのです。「前に進まねば」と思い直しては、「いや、でも本当にやっていけるんだろうか」と不安が押し寄せてくることの繰り返しです。

そうして、内心では「ドタキャン」という選択肢も抱えながら日々を過ごしました。

もちろん、ドタキャンなどできるはずもなく転職の日を迎えました。まるで否応なしに押し出されたような気持ちで転職することになりました。

人生で最も優柔不断だった瞬間

初めての転職のあと、さらなる困難が待っていました。「転職未遂」です。

初めての転職は、自分が望んでいたようには進みませんでした。人間関係の構築が思うようにできず、孤独を感じることが増えました。また、前述した通り、朝礼で全身が震えるほど緊張して、仕事内容も思い描いたものとは違いました。

そのとき、頭に浮かんだのが「前の会社に戻る」という選択です。

仕事内容よりも人間関係がよく、自分の居場所があると思える環境で働きたいと思うようになったのです。

前職の同僚に恐る恐る連絡をとってみました。「いいよ、戻ってきなよ！」とありがたいことに受け入れてくれました。「人事部に話を通しておくから、HPから正式な手続きを進めたらいいよ」と具体的に手助けもしれくれて、トントン拍子で出戻りが決まりました。その会社では初めての出戻り社員だったので、強く感謝しました。

しかし、そこで再び私の特徴的な思考パターンが現れました。**リスクに過剰に焦点を当て「思い直すクセ」**です。

これには本当に深く深く悩みました。しかし、今さら出戻り先に断りを入れたら、二度と出戻るチャンスはやってこないことも確かでした。

これほどまでに深く悩んだのは初めてで、そのストレスがついに体に表れ始めました。血尿が出たのです。病院に行きましたが、数日後、夜中に激しい腹痛に襲われ、人生で初めて救急車を呼びました。原因は尿管結石。

最終的には、「転職しない」と決断しました（なので転職未遂です）。この決断を後押ししたのは、出戻り先の元上司の言葉でした。

「何か新しいことに挑戦したいという明確な目的があって戻るなら、全力で支援するが、その意志が感じられない。せっかく戻っても、再び違和感を覚えるのではないか」

これは的を射ていました。逃げるように選択を決めようとしていたため、**自信を持って決断することができない**ということに気づきました。

「不安と感情」をコントロールする

これほど決断が苦手な私でしたが、明確な決断ができるようになったきっかけがあります。それは2回目の転職のときです。具体的には、あがり症克服協会へ転職したときでした。

「高校生のころから苦しんできたあがり症を克服し、ずっと劣等感だったあがり症を自分の強みとして、同じ苦しんでいる人を助けられる。あがり症だけど、憧れていた人前で話す仕事を講師として実現できる」

という明確な思いで転職しました。

出張があり、給与などの待遇が低下する可能性がありましたが、それでも明確に決断することができたのです。デメリットも気にならず、「出張先が遠くても、毎日ではないし旅行気分でいける」「給与は生活できれば高望みはしない、必要なら副業もできる」と前向きにとらえることができました。このとき、過去の決断で自信がなかったときは、デメリットを言い訳にしていたと気づきました。

この経験を基に、内向型の自分でも、自信を持って決断するために二つのルールを考えました。

①不安を言葉にする

内向型が決断するのが苦手なのは、リスクを過度に恐れるからです。リスクを正しく評価できないから、判断できなくなるというわけです。

人は得体の知れないモノを恐れます。「失敗を恐れるな」と言われても、見えない失敗は怖いのです。一方、リスクに面と向かい、よく知れば怖くなくなります。

リスクを具体的に知ることで、対策もでき、「このメリットのためなら、このリスクと戦える」と自信を持った決断ができます。「このリスクのために、このメリットをあきらめるのはもったいない」という思いも、自分を後押ししてくれます。

私の転職の体験談でいえば、

「給与が低下して生活が立ち行かなくなるリスク」

「会社は安定していても、自分自身が不安定では働けなくなるリスク」

というデメリットと、

「精神的に安定してとり組める仕事」「収入は副業すればなんとかなる」

というメリットを天秤にかけ、「給与低下のリスクのために、生き生きとして働ける仕事をあきらめるのはもったいない」という結論に達し、転職を決断しました。

②感情との向き合い

内向型は自分の内面に注目することが多いことから、自分の感情を無視して論理的に判断すると、心のほうから「やっぱりイヤだな」という声が聞こえ始めてきます。「やりたい」「やりたくない」という本当の気持ちは、決断後に強く影響します。私のことでいえば、これが原因で何度も転職の判断を誤りました。

本心に向き合うには、極端な条件を設定して考えることです。私は転職する際に、「もし10億円の貯金があったら、今の仕事を続ける？　それとも転職する？」

と自問し、あがり症克服協会への転職を決めました。
もしかしたらまったく別の道を選ぶことになるかもしれませんが、それはそれでいい気づきで、今後の人生に活きます。

この考え方は仕事でも使えます。(例：仕事を支援してもらうパートナー選定、イベントの進行表の決定、キャリアプランの選択など)。軽重を問わず何か決断するときに右往左往しないように、今回お伝えしたポイントを踏まえて決断してみてください。

やってみよう

内向型だから気付ける潜在的なリスクをよく理解し理性よりも感情に正直に行動する。

第4章

前に出ないリーダーシップ

「自分は内向的だから、リーダーには向いていない」
そんな風に、落胆していませんか？

でも、実はその「内向的な性格」こそ、
リーダーとしての強みになると聞くとどうでしょうか？

「でも、メンバーをぐいぐい引っ張るのは苦手だし」
と、ひょっとしたらまだ思っていませんか。私もそうでした。

しかし、内向的な人は、「深く物事を考え」、
「他人の話をじっくり聞く力」を持っています。
チームのニーズを理解し、心を開いて
コミュニケーションをとることができるのです。
リーダーに最適だといっても過言ではないでしょう。

「私にできるだろうか?」と不安に思うかもしれませんが、
内向型で成功してきたリーダーは数多くいます。
「私の内向型な特徴こそが、
チームにとって新しい視点をもたらし、
チームやメンバーの成長や発展に貢献するかもしれない」
と考えはじめてみませんか?
「私は内向型であるからこそ、
リーダーとして成功することができる」
あなたのスタイルを大切に、一歩踏み出してみましょう。

1 物静かなリーダーになる

「声が大きい」はリーダーの条件ではない

リーダーというと、気さくに誰とでも話せたり、仕事が終わったら「飲みに行こう!」と誘えたり、自然と周りを明るくするようなムードメーカーや人気者というイメージがあるのではないでしょうか。

当然、どれも私には当てはまりませんが、そんな内向型の私でもリーダーになり、今では協会の理事として大きなリーダーシップを発揮しています。

「内向型はリーダーに向いていない」と思われがちですが、**内向型でも優れたリーダ**

ーはいます。

むしろ内向型のリーダーのほうが、いい聞き役になって、メンバーのアイデアを拾い上げたり、慎重に難しい決断ができたりと、優れたチームを形成できることが最近になって明らかになっています。

ここでも内向型の傾聴力、慎重さが役立ちます。

私のリーダー像が固まった瞬間

私のリーダー像は、ある上司がモデルです。

新卒3年目、客先で常駐していたときに、自律神経失調症とうつ病になって、会社に戻されました。毎日会社に行くだけで大変で、仕事もうまくできませんでした。人事と「次の配属先を決める面談」を何度かしましたが、人事がすすめる仕事を何度も断りました。人事がすすめる仕事はどれも自分には役不足だと感じたからです。

この出来事は、内向型の特徴がよく現れていると思います。内向型は、自分をよく理解していて、自分の考えや信念に基づいて決断することが多いのです。

そんな中、運命的な出会いがありました。

「そこのグループのリーダーは、お前と同じくうつ病で社内に戻されて、しかも3か月間休職した経験があるんだよ」

その話は、私の心にすごく響いて、何かが変わる予感がしました。

それから数日後、驚いたことにグループリーダーから「会って、話をしてみないか」と直接連絡がきました。そのリーダーは、今まで会ったリーダーとはまったく違う雰囲気を持っていました。

その人が復職してリーダーになるまでの話に興味が湧きました。

「どうやって、変わることができたのですか？」

「自分で全部責任をとらないといけないと思っていた。それで病んだ。そんなバカな考え方は変えるようにした」

上の立場の人をいかに活用するかを考えたそうです。そして、その人は当時の自身の様子を赤裸々に語ってくれました。

何の仕事をするかよりも、「この人の下で働いたら、うまくやれそうだ」と感じ、その後、そのグループで働き、前のように働けるようになりました。
ちなみにその人は後に、社内初の生え抜き役員に出世します。

静かなリーダーシップ「5つのポイント」

数年後、小さなチームのリーダーになりました。挫折を味わい、でも救われた経験は、私のリーダー像に決定付けました。

それは決して無理はせず、自分の特徴を生かすという、内向型の特徴を生かしたリーダーシップです。次の4つのポイントで成り立ちます。

①聞き役に回る

リーダーは、メンバーが何を考えて、何を感じているかを知ることが大事です。メンバーはリーダーが話を聞いてくれることで、「自分の考えが大切にされている」と感じます。すると、もっと自由に意見を言うようになり、新しいアイデアや解決策が出やすくなります。

逆に、メンバーの話を聞かないリーダーには、大事な情報が入りにくくなり、メンバーのやる気もなくなってしまいます。

②丁寧に面倒を見る

「獅子は我が子を千尋の谷に落とす」という故事があります。これは「子供には厳しい試練を与えて成長させよ」という意味です。

でも、私はそういうやり方はしません。子が困っているなら、何に困っているのか聞いて、解決策を懇切丁寧に教えます。困っている人がいれば、その数だけ同じ対応をします。

③静かなままでいる

絶対に外向型のようには振る舞いません。振る舞ったとしても、ほかの人からは「ちょっとおかしい」「無理してるな」と思われるだけ。そもそも内向型には向いていないのです。

「カリスマリーダー」よりも「気軽に話しかけられるリーダー」をめざす

静かで落ち着いていても、存在感を放つことができます。一喜一憂しないその様子は、メンバーに安心感すら与え、自然にリーダーとして敬われます。

④「ゆっくり」判断する

内向型は、物事をじっくり考えることが得意です。リーダーといえば即断即決という感じもしますが、リーダーのミスは組織にとって致命的になる可能性もあるので、リスクをしっかり評価できるリーダーのほうがむしろ組織では重宝されます。つまり、この慎重な姿勢は、リーダーになってからさらに役立つのです。

リーダーの失敗談は、メンバーの心を開く

⑤自分の体験を赤裸々に話す

相手のことをしっかり理解するには、まず自分のことをオープンに話すことから始めます。

内向型は、自分のことを他の人にあまり話しません。でも、それを逆手にとって、1対1のコミュニケーションでは「実はね」とあまり話していないことを話す。すると、相手は自分を特別扱いしてくれていると感じます。

話すことは、できれば相手と共通の話題、かつ失敗談がいいです。私の体験談では、メンタルの不調について話しましたが、失敗談や弱点はいい話題になります。

「実は、前に間違って別の人の上着を着て帰っちゃったことあるんだ」というちょっとしたミスの話もいいですね。

内向型でリーダーを任されたら、ここで挙げた内向型の特徴を生かした「内向型リーダーシップ」を実践してみてください。

会社員だった最後の年、バリバリの外向型のリーダー候補がいた中、グループの後任リーダーに私が選ばれました。内向型もリーダーとして評価されるのです。

やってみよう

「聞き役に回る、面倒を見る、静かなままでいる、慎重になる、失敗談を話す」
これで、内向型リーダーはうまくいく。

2 「静かな場所」で集中する

どこにいるんだろう？　席にいないリーダーの謎

実際にリーダーだった人を思い返すと、外向型の特徴を持っていて、年齢の割に貫禄があったり、強い口調で話す人が多かったりする印象です。一方で、以前紹介したような異質なリーダーもいました。

その方とは別で、小柄でよく寝坊しては寝ぐせで出社、貫禄はなく、後輩や部下であっても「さん付け」や敬語で話し、天才的なプログラミング能力でキャリアアップした内向型のリーダーもいました。

そのリーダーが特に異質だったのが、**ほとんど自席にいない**ことです。

「リーダーいる？」と客先の人に聞かれて、「いません、どこにいるか分かりません……」と答えることも一度や二度ではありません。

あるとき、ついにメンバーのひとりが発見しました。

「見つけた！　こんなところにいたんですか!?」

という衝撃の場所は、フロアの隅にあるリフレッシュコーナーのさらに奥の窓際でした。私たちのエリアからは完全な死角。そこでPCに向かっていました。普通にリフレッシュコーナーに行くだけでは見つからない静かな場所です。

「何してるんですか？」と尋ねたところ、提出期限間近の要員計画や次期プロジェクトの提案書の作成をしていました。

静かな空間で集中を守る

ある日機会があり、「なぜ自席で作業をしないのか」を聞いてみました。

「自席だと、ひっきりなしに誰かから質問されたり、話しかけられたりして、集中できないんだよ。だから、人目につかない場所は安息の地。集中が必要な作業を期限までにやりきるには、そこに行くしかないんだ」

そのリーダーは、正統派のリーダーとはまったく違っていました。でも、そのやり方は理に適っていて、チームは高い生産性で大きな実績を上げました。

自分の席にいないとはいっても、いつもチームの状況は把握していて、問題が起きそうになるとすぐにメンバーを助けていました。

静かな場所で練った計画も成功が続き、売上はどんどん伸びて、社内でも注目のチームでした。

確かに、一度集中が途切れると、また集中し直すのは大変です。特に、内向型にとっては。もし数分おきに話しかけられたら、その間は作業がほとんど進まず、とても効率が悪くなります。

内向型リーダーが集中できる環境とは？

内向型は、外からの刺激に敏感で、ちょっとしたことで思考や集中が乱れます。また、周囲にいつ話しかけられるか分からない状況では、周りのことが気になってなかなか集中できません。それを乗り越えるため、私は集中が必要なときは以下のポイントに注意して作業するようにしています。

①「静かな環境」に身を置く

職場の中に、ひとりで静かに作業ができる場所を探しておきます。私は会議室が空いているときは、会議室を予約して使っていました。完全にひとりになれます。

自分の席でしか仕事ができないときは、パソコンのモニターを動かしたり、資料を積んだりして、ちょっとした壁を作っていました。そうすると、周りの人があまり気にならなくなり、周りの人も自然と邪魔しないよう気遣ってくれます。

内向型は、パーティションがない職場が苦手です。私ももちろんそうで、「どうして

こんな環境で働けるんだ」と思います。

②余計な通知はオフにしておく

先ほどのリーダーの話は少し極端ですが、外部からのアクションを遮るほど効率がよくなることは確かです。しかし、リーダーという立場上、緊急で対応しなければならない場面にも備えておく必要があります。

最近はメールとは別にチャットを使うチームもあると思いますが、私は通知オフにしています。メールも受信通知はオフです。いざというときの連絡ツールは電話だけにしています。

③人と目を合わせない

集中するときはキョロキョロ周りを見ないことです。

内向型は、周りを観察するクセがあります。うっかり目が合ってしまうと、その人は「話しかけてもいいんだ」と思ってしまいます。

内向型は、長時間集中して仕事をするのが得意ですが、外からのアクションには敏感に反応してしまうので、騒がしい場所では効率は落ちます。日頃から、静かに集中できる環境を用意しておけば生産性アップにつながります。

やってみよう

内向型のリーダーは、ひとりで集中できる環境を探し、作ろう。

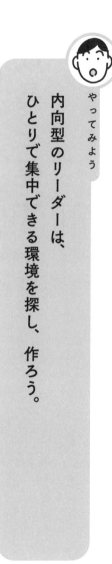

3「問いと共感」で成長を促す

内向型リーダーはメンバーの自発性をどう引き出す？

「メンバーが伸び悩んでいる」「指示待ち人間が多い」という状況はありませんか？
メンバーを育てるには、主に二つの方法があります。

○ティーチング＝知識や情報を教える
○コーチング＝自分で考えたり学んだりさせる

自分で答えを見つけてもらう手伝いをする

前者は、リーダーが正しいやり方を手取り足取り教える方法です。教わった通りにやれるようになるのが目標です。

後者は、リーダーは正解を教えず、対話の中でメンバーに自分で答えを探させる方法です。自分で考えたり行動したりする力をつけるのを目標とするのがコーチングです。コーチングはテレビや雑誌でもよく特集されるので、聞いたことがある人も多いかもしれません。

このうち**内向型リーダーに向いているのは、コーチング**です。

コーチングは、他人の考えを大切にすることがポイントになるので、内向型にとっては相性がいいのです。

また、スキル次第でうまくやれるのもコーチングです。これまでに「コーチングが苦手」と経験した人がいれば、それは多分コーチングに必要なスキルを学んでいなかったからです。内向的の人が持つ、理解力、観察力、傾聴力とコーチングのスキルを組み合わせれば、メンバーを動かすことができます。

私も元々コーチングスキルはなく、ひたすらティーチングで指導や指示を行っていました。

そんな私でしたが、あがり症克服協会の鳥谷理事長を見て、コーチングを学びました。次の会話はたまたま私が聞いた理事長と生徒さんの会話です。

理事長「久しぶりですね！　最近人前での発表はどうでしたか？」

生徒「会社で研修の講師を担当しているのですが、またあがりやすくなってきて困ってます」

理事長「そうなんですね。特にどんなことに困っていますか？」

生徒「自分の順番を待っているときや話し始めのときに、口から心臓が飛び出そうなほどドキドキしてきて、どう対処すべきか悩んでいます」
理事長「前にうまくいっていたときはどうやって待ち緊張を下げていましたか？」
生徒「前で話している人の話をしっかり聞いて、意識を自分ではなく他人に向けるようにしていました。」
理事長「ほかにはありそう？」
生徒「そうですね。ワークショップによく通っていたのが自信になってうまくいったのかもしれないです」
理事長「なるほど。どうしたらいいと思いますか？」
生徒「もっと本番前に準備をしっかりして練習するようにして、とり組み方から見直してみたほうがいいかもしれません」
理事長「じゃあ、準備、練習はいつからやりはじめる？」
生徒「今日からやります！」
理事長「いつでも待ってるからね！　一緒に頑張りましょう！」

理事長は、生徒が自分で答えを見つけられるように手伝っています。すると、生徒は**「自分で決めたことをやっている」という気持ち**になり、自分から積極的にとり組むようになります。これがコーチングの手法とその効果です。

「共感」と「質問」でコーチングする

理事長もすごく内向的で、中学生の頃から人前で本が一行も読めないほどのあがり症でした。でも、自分を変えて、講師として活動する中でこういった技術を身につけてきました。

私は、理事長が人とどうやって話すかを何回も見たり聞いたりして、コーチングのスキルを学ぶことができました。

内向的な特徴を生かしてコーチングするためのスキルは次の3つです。

①すぐに答えを教えない

内向型は、知識はたくさん持っていることに自信があり、すぐ自分の知っていることを教えたがるクセがあります。

でもそこはグッと我慢して、すぐに教えないようにします。たとえ答えを知っていても、わざと知らないふりをする。代わりに、メンバーが「自分で調べてみよう」「少し考えてみよう」と思える環境を作ります。

②質問には質問を

もし答えを求められたら、質問に答える代わりに、質問をします。たとえば、「どうすればいいですか?」と聞かれたら、「あなたはどう思いますか?」や「どんな選択肢があると思いますか?」と聞き返してみるのです。

すると、相手は自分なりにもっと深く考えて、解決策を自分で見つけようとします。

人は誰かに質問されると、考える習慣がありますす。でも、誰も聞いてこないと考えないという怠けグセもあるので、すぐに答えを教える代わりに質問し返してみるといい訓練になります。

③考え込んだら共感を示す

コーチング中に、相手が何かをじっくり考えているときは、その気持ちを大切にします。その人が何を考えているのかを理解することで、「じっくり考えてもいいんだよ」という気持ちを伝えられます。そうすると、その人はリラックスして、いい答えを見つけられます。

行き詰まっていたら、「手伝うよ」とサポートすることもあります。「ひとりで全部を解決する必要はない」と伝えることで、前向きな気持ちにしてあげるのです。

メンバーが「次に何をすればいいか」と迷っているとき、内向型のリーダーは腕の見せ所です。共感力、観察力、傾聴力を活かしたコーチングでメンバーを効果的にサポートして、メンバーが自分で考え、自ら行動を起こすように導くのです。

やってみよう

メンバーは「答え」より「考える時間」で育てる。
リーダーはひたすらサポート役になる。

4「オウム返し＋1」でメンタルサポート

メンタルヘルス問題でリーダーが果たす役割

メンバーのメンタルサポートは、とてもデリケートで難しい問題です。苦労している内向型リーダーも多いでしょう。

職場でメンタル不調を抱える人は増加傾向にあります。

「令和5年版　過労死等防止対策白書」（厚生労働省）によると、「仕事や職業生活に関することで強い不安、悩み、ストレスを感じている労働者の割合」は、令和4年はなんと82・2％で、前年から30ポイントも増加しています。**今は、心が疲れている人がとても多い**のです。メンタル不調を抱えていない人のほうが少数ともいえるでしょう。

ここまでお伝えしてきた通り、私も以前、心の不調を経験しています。自分が心を病む経験をする前は、正直、他人事でした。まさか自分がそうなるとは思っていなかったのです。

視点を変えると、**「まさかこの人はメンタルやられないだろう」と思っていても、メンタル不調になる可能性がある**のです。まずこのことを知っておく必要があります。

私の周りでも、メンタル不調で出社できなくなった人を何回とみてきました。芯が強く何があってもへこたれないような人、穏やかでいつも落ち着いた雰囲気の人が、突然会社に来なくなるのです。それは前兆もなく突然起こります。

「メンタルサポートは正解がないから難しい」という人もいますが、私はそう複雑に考える必要はないと思っています。大事なのは、やるべきことをやることです。

心が疲れる原因の多くは、つらいことを我慢しすぎたり、無理をしすぎたりすることです。だからリーダーなら、メンバーが無理をしていないか気を配り、サポートをすることが大切です。

うまくやるコツは、「言わないほうがいいこと」を言わずに、「言ったほうがいいこと」を言うことです。このルールで、メンタルが怪しいメンバーに声をかけていきます。

他人からの言葉、ましてや直属のリーダーの言葉は大きな影響力を持ちます。「チリも積もれば山となる」ということわざがあるように、ささいな言葉でも毎日リーダーから言われると、メンバーの気持ちも大きく変わります。「いい言葉」なら前向きになるし、そうでない言葉は心を重くすることもあります。

コミュニケーションは数よりも質が大事です。たとえば、

○よく話しかけてくれるけど、そのたびに重たい気持ちにさせられるリーダー
○話す回数は少ないけどいつも気持ちを楽にしてくれるリーダー

がいたら、どちらがいいでしょうか。もちろん、後者ですよね。

後者のほうが、「このリーダーはいつも支えてくれている」と感じさせ、直接話していなくても、**そばで優しく見守っているような安心感が持てる**からでしょう。

メンバーにかける言葉の選び方

いい言葉をかける方法として、「オウム返し＋1」を紹介します。

「オウム返し」とはその名の通り、相手が言ったことを繰り返すことです。「話を聞いてくれている」という共感を相手は持ちます。たとえばこんな感じです。

リーダー「最近、どう？」
メンバー「最近、お客さんの言ってることが変わってきて、なかなか仕事が進まず、やる気がでないんです」
リーダー「そっか、**やる気が出ないのか**」

という感じです。この「やる気が出ないのか」がオウム返しです。「お客さんの言ってることが変わってきてるのか」「なかなか仕事が進まないのか」というのもオウム返しとなりますが、「感情を表す言葉」をオウム返しするほうが、より気持ちに寄りそえます。

オウム返しができるようになったら、そこに「+1」としてひと言加えます。どんな言葉を加えたらいいかというと、「言われて気持ちが楽になる言葉」です。難しいことはありません。次の手順で考えます。

①まずは「言われたくない言葉」を考える

②その逆のことを言う

つまり、言われたら重たい気持ちになる言葉を考えて、それとは逆のことを言うのです。

私は過去の体験から、たとえば、こんな言葉をストックしています。

●こういうことは言わない

・鼓舞する言葉

「もっと頑張れ」など激励の言葉です。私はメンタル不調のとき、「大変だと思うけど頑張って！　宮松さんならこんなもんじゃなくてもっとできるでしょう。もったいないよ。もっと自分の可能性に挑戦してみたら？」と言われたことがありますが、激励に感謝しつつ、期待に応えることができない自分をとても情けなく感じ、さらに落ち込んだものです。

・否定する言葉

「ほかの人はもっと大変だよ」と言われたことがありますが、「そのぐらいのことで凹んでいる君はダメだ」と言われたような気がして、さらに凹みました。

・助言

「そんなに気にしなくていいよ」とよく声をかけられましたが、気にしないようにするほど気になる自分がいて、「ほかの人がやっていることが自分にはできない」と自分を否定してもっと心が重く、そして孤独になりました。

●こういうことを言う

・いたわる言葉

私は「お前は本当に、いつもよく頑張ってるよな」と言葉をかけてもらえたときに、ふっと楽になりました。

メンタル不調になると、いつも自分のことを責める思考回路になります。自分で自分をいたわるのが難しい状態ですが、ほかの人からいたわる言葉をかけてもらえると、悪循環を止めるのに効果的です。

・共感の言葉

私はかつて「私がその立場だったら耐えられない。とっくに逃げているかも」と言われたときに、このつらさはほかの人でも苦しいんだと思えて、自分だけじゃないんだと楽な気持ちになったことを覚えています。

・受け入れる言葉

心が疲れているときは、「そのままでいいよ」というメッセージが安心します。凹んでいたとき、「つらい気持ち、落ち込む気持ちも一つの心象風景だよ。その感情がダメってことではないと思う。無理に元気を出そうとしなくても、時間が解決してくれることあるよ」と声をかけてもらえたときは、「今のままでもいいんだ」と自己肯定できて、穏やかになれました。

ハラスメントに注意する

メンタルサポートに関連して、一つ覚えておいてほしいのがハラスメントです。

ハラスメントが社会的な問題になって久しいですが、どこまでがハラスメントで、どこまでがセーフなのか、難しいと思います。でも、メンバーと接するうえでは、絶対に忘れてはいけないポイントでもあります。

あまり気にしすぎると、返って雰囲気が悪くなる懸念もあるし、リーダーとしてハラスメントにどう線引をするか。

でも、おそらく明確に線引はできません。人によって育った環境や経験が違い、物の考え方や感じ方も違います。ある人にとっての冗談も、別の人には傷つく言葉や行動になることがあります。

だから私は常に、「価値観が違うかもしれない」と考えるようにしています。そうやって慎重に人と接することが、ハラスメント防止につながるのです。実際に私はそう意識することで、私の把握しているかぎりですが、私が原因で問題になったことは一度もありません。

ちなみに、「同じものでも人によって見方が違うこともある」ことを仏教用語で「一《いっ》水四見《すいしけん》」と言います。私は人と接する時は、常にこの言葉を心の中に持っておくようにしています。

立場によって、物事の見方は変わる

共感ワードに加えて、「＋1」で「いたわること、共感すること、受け入れること」をひと言添えると、メンバーの心を軽くできます。

「モチベーションが低下しているのか……、大変な環境の中で、本当によくやってくれているよ」

「モチベーションが低下しているのか……、言われることがコロコロ変わるとやる気もなくなるよな」

内向型のリーダーは口数多く話す必要はありません。「オウム返し＋1」という方法で持ち前の共感力を活かし、短い言葉で声かけをすることです。

考える負担が減るし、声をかける心の壁も下がります。メンバーが助けられていると感じると、リーダーである自分自身も心が落ち着きます。内向型の思いやりを活かして、メンバーのメンタルサポートをしてみてください。

やってみよう

「いたわり、共感、受け入れ」のコミュニケーションと、「オウム返し＋1」で声かけする。

おわりに

最後までお読みいただきありがとうございました。

自分の特徴を強みにする「弱さの戦略」、ぜひ今日からでも実践していただき、ありのままの自分で成功する第一歩を踏み出していただけたら、幸いです。


そのために、欠かせないことがあります。

それは、誰かから「ありがとう」と感謝されることです。

人の役に立てた、喜んでもらえたと感じることで元気になるのは、内向型も外向型も関係なく、ボーダーレス、人として共通していることです。

私は内向型なので、コミュニケーションが苦手でした。緊張して思うように言えなかったり、動けなかったりして、「やる気がない」「人付き合いする気がない」などと、周りから誤解を招いてしまうことも多くありました。でも、そんな私でも、本書で紹介した「自分の特徴を武器にする方法」で成果を上げることができました。

自分が成果をあげるということは、必ず誰かの役に立っています。

その中で「ありがとう」と言われる体験をすると、それがエネルギーとなり、「またやってみよう」「もっと違うこともやってみよう」とやる気が出てきます。

私も、どん底からここまで這い上がれたのは、たくさんの「ありがとう」を受け取ったからだと思います。

挫折や遠回りをしてきたけれど、今はとても、心地がよいです。本書で紹介した方法で、皆様が「ありがとう」のスパイラルに入っていただけたら何よりの喜びです。


最後になりますが、このような素晴らしい機会を与えてくださったソシム株式会社の皆様、いつも楽しく講座で学ばせていただいているあがり症克服協会の会員の皆様、これまで支えてくださった講師仲間、同僚、上司、後輩、家族、すべてのかたに、この場を借りてお礼申し上げます。ありがとうございました。

2024年3月

宮松大輔

［著者］

宮松大輔（みやまつ・だいすけ）

一般社団法人あがり症克服協会理事
心理カウンセラー
NHK カルチャー話し方講師

高校の国語の本読みであがり症と敏感気質を自覚、以来、対人恐怖症に苦しむ。人前で発表がありそうなときは学校を休み、通学路では人と会わないよう遠回りして違う道を選ぶなど、人を極端に避けて生活するようになる。

大学では、「環境が変われば自分も変わる」と考えたが、むしろ対人恐怖症が進行。次第に人と会うことが苦痛でしかなくなり、大学を中退。別の大学に入学するも、対人恐怖症は変わらず、引きこもり生活に。

心療内科への通院や自分と上手に付き合う方法を見つけることで社会復帰。大卒後、システムエンジニアとして働く一方、時には服薬に頼る状態。

そんな中、あがり症克服協会と出会い、薬に頼らない方法であがり症と対人恐怖症を完全に克服。その後、受講者数7万人超の一般社団法人あがり症克服協会の理事に就任。

「かつての自分と同じことで悩む人を世の中からなくす！」を信条に、あがり症・人見知り克服のセミナー講師やカウンセリング、NHK カルチャーや自治体など全国各地での講演や執筆活動などを精力的に行っている。

◉著書に『人間関係で「うまくやる人」と「つらい人」の習慣』（明日香出版社）がある。


「あがり症」でご相談のある方は、下記からご連絡ください。

【一般社団法人あがり症克服協会　公式サイト】

https://agarishow.or.jp/

ビジネスメソッドとしての「弱さ」の戦略
思い込みの壁を乗り越え、「できる内向型」になる28のメソッド

2024年4月5日　初版第1刷発行

著　者　宮松大輔
発行人　片柳秀夫
編集人　志水宣晴
発　行　ソシム株式会社
https://www.socym.co.jp/
〒101-0064 東京都千代田区神田猿楽町1-5-15　猿楽町SSビル
TEL：(03) 5217-2400（代表）
FAX：(03) 5217-2420
ブックデザイン　chichols
カバー・本文イラスト　温泉川ワブ
DTP・図版作成　株式会社キャップス
印刷・製本　株式会社暁印刷

定価はカバーに表示してあります。
落丁・乱丁は弊社編集部までお送りください。送料弊社負担にてお取替えいたします。
ISBN978-4-8026-1455-9　